◉青年・成人期の発達保障 2

しなやかに　したたかに
仲間と社会に向き合って

白石恵理子

全障研出版部

はじめに

『一人ひとりが人生の主人公』を二〇〇一年度に『みんなのねがい』に連載執筆したとき、何よりも伝えたかったことは、知的障害をもちつつ、それぞれの人生の主人公として輝いて生きている一人ひとりの仲間たちのことでした。今回の連載をお引き受けすることになったとき、それは二〇〇五年の秋だったのですが、障害者自立支援法というとんでもない悪法をめぐって、国中が揺れ動いているようなときでした。これまで、それぞれの地域で大切に紡がれてきた実践がどうなるのだろう、一年後にはどうなっているのだろうという全く先の見えない不安と憤りの中でしたから、「こんな時期に連載をお引き受けしていいのか」という思いが正直ありました。

しかし、そんな歴史的後退に直面させられているときだからこそ、法律にふりまわされそうなときだからこそ、もう一度、障害のある仲間たちの思いやねがいを伝えていきたいと考えました。同時に、それぞれの作業所や施設で、やっぱり人生の主人公として輝いている職員たちのことも書いていきたいと思いました。

厳しい労働条件のもとでも、仲間たちのねがいに少しでもこたえたいと奮闘している職員たち、仲間たちの笑顔やときにしんどさをわがことのように語り、笑い、悩む職員たち、仲間たちの姿に自分の仕事や生き方を重ね合わせて共感する職員たち、仲間たちの発達保障に取り組みながら、「パン屋」にも「陶芸家」にも「木工職人」にも「園芸家」にも挑戦している職員たち、「なんで応益負担なの!?」と家族といっしょに怒り、励ましあう職員たち、地域で悩み疲れている家族のもとに足を運ぶ職員たち……、そんな一人ひとりの職員たちの顔を思い浮かべながら、書いていきたいと思いました。

だから、タイトルは『しなやかに　したたかに　仲間と社会に向き合って』。ことばでうまく思いや悩みを語れない仲間たちに、しなやかでやわらかい心で向き合い、よりそい、肩を貸そうとしている職員たち、「これでもか、これでもか」と福祉の現場を苦しめているようにしか感じられない国の施策に対して、あきらめず、粘り強く、したたかに向き合っていこうとしている職員たちと、この本を通して、また少しでも語り合うことができれば幸せです。

二〇〇七年七月

白石恵理子

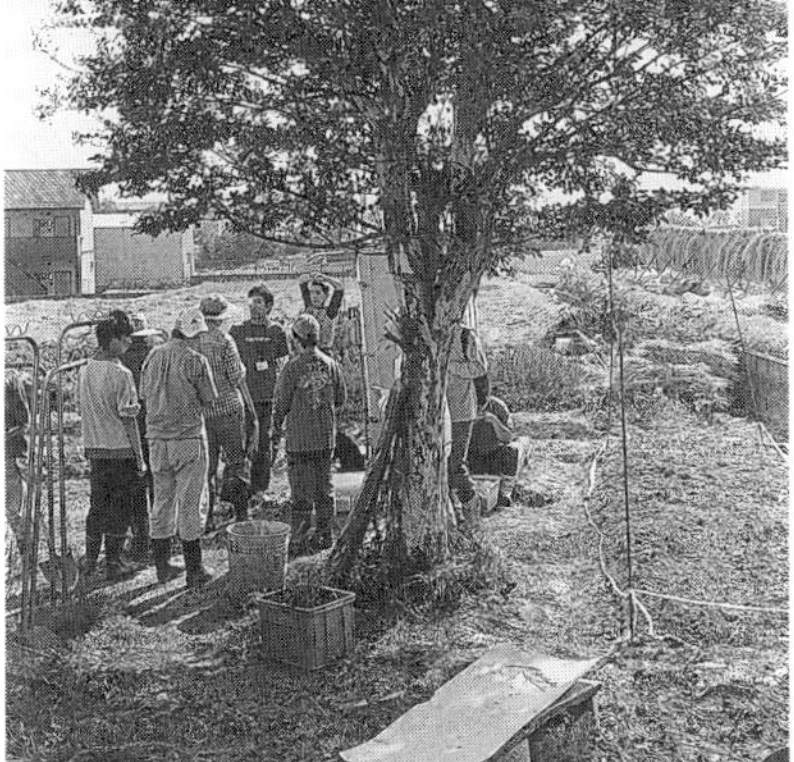

しなやかに　したたかに　仲間と社会に向き合って●●●もくじ

第１章
「行動」「障害」に向き合うのではなく、障害のある仲間の人格に向き合う

なぜ、一人ひとりをていねいに理解することが必要なのか

障害のある人への実践や支援では、一人ひとりをていねいに理解すること、「障害・発達・生活」という三つの視点をもって、まるごと理解することが大切となります。それらの視点のうち何かが欠けると、一面的な理解に陥りがちです。

ある授産施設の所長さんが、「成人期で発達の視点をもつことは難しいけれど大切ですね。職員が利用者に対して、『ちゃんと仕事をしない』『注意するとすぐに休んでしまう』とこぼすのですが、そもそも一人ひとりの発達をちゃんと理解できていないところからきているのではないか」とおっしゃっていました。障害や発達を正しく理解しないと「大人なのにどうしてしないのか」、あるいは家庭環境や子育てに原因があるのではないか、という一面的理解になりがちです。

でも、あらためて「なぜ、障害や発達、生活を含めて正しく理解することが必要なのか」と考えたときに、私は、それは子どもや仲間を深く信頼するためなのだ、と思うようになりました。子どもに好かれる教師になりたい、仲間から信頼される職員になりたい、とは誰もが思うことです。でも同時に、私たちの方が子どもや仲間を深く信頼しているでしょうか。障害があっても、「問題行動」が目立っていても、「でも、がんばっているんだな」「こんなねがいをもっているんだな」「自分で生活をつくろうとしているんだな」と、子どもや仲間のもっている生命力に信頼を寄せることができなければ、子育ても教育も作業所実践も成立しないでしょう。

とは言え、何の根拠もないまま「できるはず」と思い込むことは、かえって子どもや仲間を追い込むことになります。「あなただったらできる」「できないはずがない」というときには、人格そのものへの信頼ではなく、人格から能力を切り離して能力だけを信頼しようとしているのであり、結果的に本人の人格を否定することにつながる場合もあります。

「深く信頼を寄せる」とは、「障害」や「行動」に向き合うのではなく、子どもや仲間の人格ときちんと向き合うということでもあるのです。

✤「強度行動障害」の人の事例から

『障害者問題研究』第三三巻一号、特集「自閉症・知的障害等の『強度行動障害』」(二〇〇五年五月)には、二つの実践が紹介されています。自傷、他傷、こだわり、物壊し、パニックなどなどの激しい「問題行動」を強く頻繁に起こしている人においても、その「行動」や「弱さ」だけではなく、「こんなことが好きなんだ」「これを伝えようとしていたんだ」と見えてきたときに、新たな実践がはじまります。

太陽の里のHさんの事例では、家の転居を直接の誘因として、「激しいこだわりの嵐」が引き起こされるようになりました。もともと飲むことが好きなHさんなのですが、水やコーヒーを求めて突進し、ガラスを突き破り、自傷や他傷につながります。抑制がきかず、水中毒(低ナトリウム血症)で発作を引き起こすまで飲み続けます。水で濡れた服が気になって頻繁に着替えるようになり、ふとした拍子に濡れた衣服を破るようになり、そのうち、自分の服だけではなく他の人の服までも破っていくようになります。睡眠は乱れ、厳しい表情と、不快としか表現しようのない奇声が続くようになります。あまりの変化に呆然として、お母さんは「息子が壊れた」としか言えませんでした。

こうした姿に対して、職員集団として何度も話し合い、実践を見つめ返していく中で、

Hさんは大きな変化を見せていきます。はじめは、とりあえずマンツーマンで彼について突発的な行動を止めること、日課や環境を整理していくことからだったのですが、それでは対症療法にしかならないのではないか、結局「問題行動」に対峙しているだけではないのか、という投げかけがされます。

そして二年目、「自閉症の人は変化に弱いから場所や日課を変えない」として活動や生活の幅を狭めていくのではなく、突然の変化を受け入れることはできなかったけれど、いっしょに活動や生活の中身を、時間をかけてつくっていけばいいのではないか、と大きく実践を展開させていきます。話しことばでの目的や意味の共有が可能になる「一歳半のふし」の少し前にあり、自閉症もあわせもっているHさんは、いろいろな感覚を総動員させて外の世界をとらえようとするのですが、それゆえに、ときに混乱してしまうのです。彼にとって、転居は、自らの存在をも脅かす突然の変化でした。しかし、職員や他の仲間といっしょにゆっくりと外界を変化させていくことで、Hさんは自分自身をもつくりかえていきます。

Hさんだけでなく、それまで日中の仕事に参加することが困難であった仲間たちの新しいグループが立ち上げられ、馬糞を使った堆肥づくりをめざします。何もないところからの出発でしたので、まずは自分たちの仕事場であるウッドデッキ作りからはじめます。毎日、少しずつ少しずつペンキが塗られ、看板が掲げられ、椅子やテーブルが運び込まれます。居場所をつくれずウロウロしていたHさんも、ちょっとずつ職員と板を運んだりペンキを塗ったりしながら、そのうち自分の定位置を見出していきます。

定位置ができると、今度はそこを拠点にしてバケツを持っての堆肥運びに参加し、不安なときは自ら定位置に戻っていきます。一仕事終えた後にはお茶を飲んで、このときは仲間たちのいるウッドデッキにほっこりしたゆるやかな空気が流れます（他にも「激しい仲間」がいるので、いつもというわけにはいきませんが…）。そして、午後には必ず、近くの公園に散歩に出かけます。

Hさんは、以前の姿に戻ったわけではありません。というより、以前にはなかった新たな姿を見せています。以前はどちらかというと人を少し避けるところがあり、「問題」もなく目立たない人でした。飲むこと以外には要求も見えづらい人でした。でも本当は、好きな世界をいっぱいもっていることに職員は気づいていきます。加湿器から出る蒸気も、焚き火やバーベキューの煙も、堆肥のにおいも大好きです。感覚レベルでの楽しみが多いのですが、生活の幅が広がることで、Hさん自身、好きなことを自分で見出すことが増えてきました。

これは、明らかに彼の目的意識性、主体性の発現であり、人格発達だと思うのです。そしてそれは、「変化に弱いから」と、室内の閉じた空間に押し込まれたのでは決して育まれなかったし、何よりも、楽しさや心地よさをわかち合う職員との関係があったことが、Hさんの新しい姿につながったと言えるでしょう。

人格と発達保障

知的障害、とりわけ重い障害をもつ人の人格について、「この人たちに人格はあるのかね」と言った石原都知事の暴言は言うにおよばず、どちらかといえば、消極的・否定的にとらえられがちでした。そして、消極的・否定的にしかみられなかったという歴史的社会的関係が、長い年月の「就学猶予・免除」に代表されるような権利侵害をも生み出し、結果的に、生き生きとした内面性の発露をさらに妨げてきました。人格とは、他の人とは異なる、かけがえのないその人らしさであり、その人のふるまいや生き方をも決めるものです。これは、障害の重さや年齢にかかわらず、誰もがもっているものであり、親であれ職員であれ、土足で踏み込むことは許されないものです。

一方で、人間の発達には、普遍的なみちすじがあります。かつては、「共通のみちすじ」において発達がとらえられることはありませんでした。障害のある子どもたちは通常とは異なる特殊で特別な子どもたちであり、「融通がきかない」「見通しがもてない」「抽象的思考ができない」といったことが、あたかも「精神薄弱」児の特性であり、それは変化しないとされてきました。だから、からだで覚えさせなければならないとされ、子どもたちの認識やコミュニケーションの力を育てること、あるいはそうした力に依拠した教育のあり方が省みられることはありませんでした。

たしかに、目の前の子どもや仲間の姿に対して「見通しがもてない」と感じる場合もありますが、それは、次の次までを見通すのは難しくても次のことはわかったり、来週の予定を期待することはできなくても、明日のことは楽しみにできたりと、時間的認識の発達のみちすじのどこかでがんばっているということなのです。

だからこそ、クツを自分ではかなかった子が、散歩が好きになると自分ではこうとするようになった、仕事に向かいにくかった仲間が、給料で缶コーヒーを買うという楽しみができることで仕事に取り組むようになった、という事実がつくられてきたし、そうした事実をつくり出す実践のあり方が問われてきました。

一九六〇年代になって、近江学園やびわこ学園の実践の中でつくられていった「発達保障」の考えは、従来の固定的、非発達的な発達観に対し、障害の有無にかかわらず誰もが共通の発達のみちすじを歩むというものであり、それは、発達観、障害観の大きな転換でした。「重度」「最重度」という言い方からは、子ども・仲間のもつねがいは見えてきませんが、発達のみちすじのどこかでがんばっているという見方をしたときに、ねがいや発達要求が見えてきます。また、「同じ発達年齢でも、成人期になると乳幼児期や学齢期とは異なる姿や要求が見られる」ことはよく実感されることですが、普遍的な発達のみちすじをとらえることによって、生活年齢のもつ意味や、生活経験、教育の質、さらには障害による制約の意味も正しく認識することが可能になります。

糸賀一雄は、『福祉の思想』（ＮＨＫブックス、一九六七年）の中で、どんなに障害が重くても、こうした「共通の発達のみちすじを通る」と述べています。同時に、「だれともとりかえることもできない個性的な自己実現をしているものなのである」とも言います。すなわち、共通の発達のみちすじを通るからといって、発達段階論に機械的にあてはめるのは誤りであり、一人ひとりがだれともとりかえることもできない、かけがえのない自分らしさをつくろうとしていると言うのです。また、田中昌人は、だれもがある発達の段階で発達の主人公として努力しているのであり、「とくに集団主義の立場で可逆操作の交換性を組織的に高めていくことなどによって、豊かな個性を全体的、発展的に開花させ、代理不可能な人格価値を実現していく」と述べています（『人間発達の科学』青木書店、一九八〇年）。

「共通のみちすじを通る」という普遍性と、「だれともとりかえることもできない個性的な自己実現をしている」という個別性は、一見矛盾するようですが、この両面をしっかり結びつけてとらえていくことが、より深く、より豊かに、より多様に人間の発達をとらえることにつながります。

障害のある人の人格を考えるときも、「みんなちがう」もしくは「みんないっしょ」という乱暴で一面的な見方を克服し、一人ひとりの息遣いが聞こえるような事実と実践の構築・共有が必要になっていると思います。

望と勇気
有里
年女
浅田
春風
中本雅二郎
戌
伊藤
春
元旦
昭子
友達いっぱい
小出昭秀
お正月
誠心誠意
宮内
今年こそ強く
けんじ
宝くじ
香取慎吾
高田康子

第2章
仲間理解、実践における「まるごと」と歴史

多面的に見ることで本質に近づく

「障害・発達・生活」を多面的に押さえながら仲間の姿をとらえることが重要です。ある側面、たとえば、障害特性のみに収斂させた見方をしてしまうと、「一人ひとりは違う」と個別性を強調しても、「自閉症だから」「ダウン症だから」になってしまう危険性が常につきまといます。同様のことは、発達や生活についても言えるでしょう。

たとえば、「一歳半のふし」の獲得における困難さは、自閉症児やダウン症児、肢体不自由児においても、さらには障害のない子どもにおいても共通に見られやすいものです。

通常、一〇ヵ月ころから、他者の意図に気づくと同時に自分の意図をつくっていくようになります。ボールのやりとりができるようになるのも、「この人は、またボールを返してくれるんだ」という相手のあそびの意図がわかってくるからでしょう。そして、「一歳

半のふし」を越えると、ことばの獲得と結びついて、より明確に自分の目的をつくって行動するようになります。同時に他者の目的をもとらえられるようになるため、そこで衝突がおきたり、目的の共有、調整が行われたりするようになります。お母さんが「片付けなさい」と言っていることはわかる、けれどもボクはもっと遊びたい、だから今まで以上に「イヤ」をはっきりと出すようになり、いったん言い出したら、簡単には譲らなくなります。自分の目的と相手の目的との間で「ズレ」を感じつつ、その「ズレ」によって、より自分の目的をたしかなものにし、自分とは異なる存在である相手をも知っていくのです。もちろん、ぶつかるだけではなく、「いっしょにやった」「いっしょにできた」と目的や達成感を共有することも可能になります。

つまり、この時期の子どもたちに見られる「イヤイヤ」やだだこねの姿は、自分の思いを意識し、さらに相手を知っていくという大切な営みでもあるのです。そして、自分の思いに気づくからこそ、相手の思いにも気づき、相手のことがわかるからこそ、また自分のこともわかるというように、自分を知る営みと相手を知る営みは車の両輪のように進んでいきます。

しかし、発達障害をもつ場合、この自分の意図や目的をつくる営みと相手の意図や目的をとらえる営みとの間に大きなアンバランスが生じることがあります。結果的に、自分の意図をきちんとつくらずに、相手の意図への従属を強めてしまったりします。また、相手の意図を受け止める受け皿が十分でないと、相手の意図を敏感に感じとった時点で関係を断ち切ってしまうこともあります。こうした困難さは、自閉症児の場合には「視線の合いにくさ」や「指示待ち」として、ダウン症児の場合には「機械的模倣」や「頑固さ」として、肢体不自由児の場合には「手を使えるはずなのに使わない」「人が見ているところでは動かないが、だれも見ていないときには動く」といった姿として問題にされます。

しかし、現象面での特徴のちがいはあっても、その背景に、共通した発達課題が横たわっていることも多くあるのです。成人期では、休憩時間も黙々と仕事を続けるような姿が見られることがありますが、それは本当に「仕事が好き」「さすがにおとなになったのだ」という姿なのか、実は、拒否ができない、職員の意図に従属しているだけなのか、ということをきちんと見る必要があります。

個別性と普遍性、ちがいと同じをどれだけ行き来できるか

発達的に五、六歳ころになると、自分の左右だけではなく、向かい合っている相手の左右もわかるようになっていきます。見かけや現象の一歩奥にある本質に少しずつ気づけるようになっていくわけです。こうした「ちがうけど同じ」の理解は、子どもの認識や仲間

世界が広がっていくうえで大切な力となります。障害の重い友だちに対する、「○○ちゃんは歩けないけど、自分でしたいと思っているのはおんなじや」。これは、自分自身を見つめるまなざしにもつながっていき、集団として大きく変化する土台になっていきます。

私たちは、五、六歳の子ども以上に、個別性と普遍性、ちがいと同じを何回も行き来することで、仲間の姿、実践を深くとらえていきたいものです。「障害が異なれば、発達段階が異なれば、課題も実践も異なる」と個別性のみを強調すると、さらなる認識の深まりは得られなくなるし、子どもも仲間も親も実践者も、その共同性を奪われバラバラにされてしまいかねません。

発達を見るとは、一人ひとりの仲間の個別性をはっきりさせることであると同時に、人間としての共通性をたしかめ合うことでもあると思います。だからこそ、障害のある仲間たちの姿から私たちも学んでいくことができます。「重症児が普通児と同じ発達のみちを通るということ、どんなにわずかでもその質的転換期の間でゆたかさをつくるのだということ、治療や指導はそれへの働きかけであり、それの評価が指導者の間に発達的共感をよびおこすのであり、それが源泉となって次の指導技術が生み出されてくるのだ。そしてそういう関係が、問題を特殊なものとするのでなく、社会の中につながりをつよめていく契機になるのだということ。そこからすべての人の発達保障の思想と基盤と方法が生まれてくるのだ」（『福祉の思想』ＮＨＫ出版）という糸賀一雄さんのことばの意味をあらためて考えたいものです。

一人ひとりの歴史に学ぶ

実践の中では、目の前にいる仲間の姿に一喜一憂してしまいがちですが、一人ひとりのかけがえのない歴史を知ることで見えてくることがたくさんあります。

一九五八年生まれのＮさんは、就学猶予の重い歴史をもっています。戦後すぐの一九四七年に制定された学校教育法で、盲、聾、養護学校の設置義務が明記されていたにもかかわらず、その施行期日は「政令でこれを定める」となっていたために、実際の施行は先送りされました。盲学校、聾学校は翌一九四八年に施行となりましたが、養護学校はなんと三〇年以上もサボタージュされ、一九七九年になってようやく義務制実施となったのです。

その間に多くの子どもたちが、「障害があるから」という理由だけで就学を拒否され続けました。学校に行くことができなかった子どもたちは、幼くして家族と離れて遠い施設に入ったり、在宅のまま家の中だけですごさざるを得ませんでした。動き回る子どもたちの中には、仕方なくひもで縛られていた場合もありました。しかし、「何とかしてわが子に教育を受けさせたい」「私は障害児の母です。しかし、決して不就学児の母にはなりません」という多くの父母と関係者の切実な思いが、ようやく国と社会を動かしていきます。

Nさんのご両親は、息子が就学年齢を迎えたとき、何としても学校に行かせたいとたくさんの学校をまわりました。障害児学級では「落着きがない」と断られ、養護学校では床に頭をつけて頼み込んだのですが、それでも入学はかないませんでした。「当時は、有名大学に入るより難しかった」と言われます（『南海香里のさと実践報告集③』二〇〇五年）。

現在四〇歳代以上の仲間たちの中には、このような就学猶予・免除の歴史をもっている人たちがたくさんいます。若い職員にはイメージしにくいかもしれませんが、今は「あたりまえ」になっていることも、多くの関係者の汗と涙をともなって勝ち取られてきたのです。そうした家族の歴史を知ることで、身のひきしまる思いがすると同時に、今、障害者自立支援法や特別支援教育によって、その歴史が後退させられようとしていることに強い怒りを覚えます。

就学にかかわることだけではなく、わが子に障害のあることがわかってから保護者がどのような思いをもってきたのか、「親のしつけが悪いと言われてきた」「実家の敷居をまたがせてもらえなかった」といった辛い思いから、ちょっとでもわが子が変化してきたときの喜びなど、本人と家族の歴史を知ることで、自分たちの仕事の意味をたしかめ合うことが大切になっていると思います。

じっくり成人期をつくっていく

Bさんは三〇歳代後半、無認可時代も含めると作業所への通所歴はもうすぐ二〇年になります。通所しはじめたとき、当時の施設全体の方針であった「どんなに障害が重くても労働を」のもと、下請け作業に取り組んでいました。しかし、今よりもずっと多動であったBさんは、落ち着いて座っていることが困難で、「アー」と不快な声を出しながら動き回り、アッという間に扉を開けて車道に飛び出してしまうことも何回かありました。

数年後、作業所ではBさんをはじめ「作業だけで一日をすごすことが困難な仲間たち」に対する、積極的な取り組みをはじめていきます。少人数で散歩や山登りに行き、職員や仲間との共感関係を大切にしていきます。もともと水の好きなBさんは、散歩先の小川に足を浸し、指の間からこぼれる水や光を楽しんで、とてもよい笑顔を見せることが増えていきました。

現在Bさんは、半日労働としてアルミ缶のリサイクル作業に取り組んでいます。カゴに入ったアルミ缶を選別機の上から落とし入れる工程です。今もジッとしていることは苦手で、工程の合間に唐突に室内の往復運動（?）をしたり、箱にいっぱい入れたプルトップをジャラジャラさせてニンマリしたり、大きな袋に入ったアルミ缶をバラバラと床にばらまいたりします。しかし、一見、無目的に動き回っているようでも、彼は自分できちんと戻ってきます。アルミ缶をばらまいたあとも、必ず自分でうれしそうに拾い集めます。職員もまわりの仲間もそのことがわかっているので、とやかく言うことはありません。そして午後には、音楽を楽しんだり、創作活動に取り組んだり、畑に出たり、冬には焚き火をしたりします。

通所当初のBさんは、仕事に対して、目的のはっきりとした活動であるだけに、職員から目的を押し付けられるものとしかとらえられなかったのだと思います。その後、散歩や山登りに取り組む中で、自分で外界に働きかける喜びや共感をはぐくんでいくことになります。三〇歳代後半の今、アルミ缶をリサイクルするという仕事の目的をとらえることは難しいのですが、「〜しなければならない」と他者の目的に従属したり、あるいは逃避したりする形ではなく、自分で目的的に外界にかかわりながら、しかもみんなでしているリサイクル作業の中に、きちんと自分の役割をつくっているのだと感じます。そして、その背景に、彼の要求は何か、彼の好きなことは何か、いっしょに共感できることは何かを模索してきた二〇歳代での実践がありました（「おおつ福祉会二〇〇五年度研究集会」分科会討議より）。

その人の歴史は、その人にしかない財産です。「今」だけを見ると、できないことが目についたり、「問題行動」が目立つ場合であっても、一〇年、二〇年という経過の中で見ることで、あるいはその人が生きてきた時代背景や社会的関係をくぐることで、見方が変わったり、「いとおしく」思えることはよくあります。成人期の、とりわけ障害の重い人に対する実践は、そうした長い時間がどうしても必要です。一朝一夕で「効果」をあげられるものではないのです。

大津市

第3章
「間」について考える

実践の中では、「間《ま》」が大事だ、「間」がなくなると仲間を受身にしてしまう、あるいは互いに追い込まれたり、こだわりにこだわってしまうことになりやすい、と言われることがあります。では、「間」とは何なのでしょうか。あらためて考えてみたいと思います。

自分の要求の主人公になる

第1章で紹介した「強度行動障害」のHさんは、一番荒れていたときには、水道だろうが、人が飲んでいるコーヒーであろうが、花瓶の水であろうが、とにかく〝水〟に向かって突進し、飲み続けました。結果的にドアガラスを割り、人を突き飛ばし、また、飲みすぎによって水中毒（低ナトリウム血症）からくる発作まで誘発してしまいました。そんなHさんに職員は、お茶やコーヒーを飲む時間を決めることと合わせて、「いっしょに飲む」ことを大切にしていきました。

Hさんは、もともと飲むことが好きだったのですが、「飲みたい」という要求を自覚することや、その気持ちを人に伝えること、そして「飲んだ」という満足感を味わうことが弱かったため、飲んでも飲んでも終わりのない悪循環に陥っていたのだと思います。

人はいろいろな要求をもっていますが、それは、何らかの形で自覚されることで実現に向けての努力が行われ、そして実現されることで満足感や達成感に結びついていきます。Hさんの場合、一人で要求を自覚するような「間」をつくることは難しかったのですが、職員は彼といっしょにコーヒーメーカーでコーヒーをいれ、毎日の散歩では公園の決まった自動販売機で缶コーヒーを買い、いっしょに飲み、「おいしかったね」と共感することをくり返す中で、Hさんはちょっとずつ待てるようになります。コーヒーが淹れられるのを待つ間のHさんは、本当に生き生きと目を輝かせるようになりました。そして、待てるようになることと比例するかのように、飲んだ後の満足感を表情に見せるようにもなっていきます。すると、「もう終わりだよ」「また今度ね」といった声かけも受け止められるようになっていきます。職員の方も、Hさんに対しきちんと要求ができるようになっていくわけです。

こうしたことは、Hさんほど激しくなくても、仲間たちとのやりとりの中ではよくあることだと思います。ある作業所の検討会で、自閉症の仲間の要求がエスカレートしてきて

「職員は仲間の要求に応えているというよりも、仲間の言いなりに動いてしまっているのではないかと感じる。それは仲間にとっていいことなのだろうか」ということが議論になりました。

その仲間は、養護学校を卒業して作業所に通所しはじめた当初は、生活がスムーズで大きな「問題」もなく、納品や散歩で好きな車に乗れるときにはうれしそうな表情も見せていたのですが、半年後ぐらいから車に乗りたいなどの要求が高まり、「今日は順番じゃないよ」と車に乗れないことがわかるとパニックを起こすようになります。他のことでも同様で、激しいパニックになるために、ついつい職員も〝要求〟に即座に応えざるを得ない関係になり、どんどん「間」がなくなっていきます。

こんなとき、よく聞かれるのは、「どこまで要求を認めたらいいのか」ということです。しかし、身体に負担をかけない水分量などを考えるときは別として、多くの場合「どこまで」という量的なラインがあるわけではありません。そこでは、仲間本人にとって、その要求がどんな意味をもっているのか、要求を実現することによって「うれしかった」「満足した」という思いにつながっているのかが問われるのでしょう。そして、そうした手応えを感じられるからこそ、少しずつ、自分の要求と折り合いをつけることが可能になっていきます。

いわば、仲間自身も自らの要求にふり回されたり、要求に支配されたりするのではなく、要求の主人公になっているかどうかが問われるのだと思います。

表に見える要求が本当の要求とは限らない

障害のあるなしにかかわらず、人は自分の中のねがいに基づいて生活をつくり、新しい自分をつくり出していくときに、生き生きとしていくものです。「問題行動」を引き起こさざるを得ないようなしんどさや悩みを抱えるとき、それをのりこえていくのも最終的には自分の力や自己復元力によってです。周囲の者は、その力を発揮できるような支援をし、いっしょにのりこえていくことはできますが、決して「肩代わり」することはできません。仲間の中にある本当のねがいを理解し、共感し、仲間自身が自らの生活と発達の主人公になっていける応援をしていくというのが、職員や教師の大切な役割となります。

ただし、仲間にベッタリとよりそうだけでは、かえって本当のねがいに気づくことができなくなることがあります。仲間自身も、自分の要求を自覚している場合もあれば、自分では気づいていない場合もあります。たとえば、本当は仲間集団の中で自分の存在が認められたいということがねがいなのに、何らかの理由でそれがうまくいかないときに、職員との個別の関係を強く求めてくることはよくあることです。その場合、表に見える要求は

職員との関係を求めているということになります。

しかし、職員がそこだけをとらえて個別の関係を強めるならば、仲間の方は、集団の中でますます自分の位置を見出せず、集団から浮き上がってしまうことにもなりかねません。そうすると、ますます職員との関係ばかりを強く求めてくることになり、それに対して職員が距離をおこうとしても、「こっち向いて」とばかりに職員の気を引くための行動をエスカレートさせてしまうことになります。「間がもてない」「こだわりにこだわりあう」関係に陥ることも少なくありません。

『成人期障害者の発達と生きがい』（白石恵理子・植田章・さつき福祉会編著、かもがわ出版）に登場するOさんは、ある時期、大好きなはずの仕事の材料を毎日のようにばらまいてしまうということがありました。構音に障害があるために、言いたいことが伝わらないもどかしさやイライラがあるのだろうと職員は考えるのですが、あまりにもくり返されるために、職員もしかったり、諭したり、マンツーマンで話をしたりと、あの手この手で何とかしようとします。

Oさんはそのうち、材料をばらまいたあとに、手でバツをつくり悲しそうな顔で職員に伝えにくるようになります。「自分でも悪いことをしたとわかっているのに、またやってしまうのはどうしてだろう」「今日もするのではないか」と、職員も他の仲間も、そして

Oさん自身も、その行動ばかりに目が向くようになっていきます。

そんなとき、Oさんのこれまでの歴史と実践経過をふり返り、発達についても確認し合うケース検討会を行いました。結果的に、この会議の後くらいから、毎日のようにくり返されていたばらまきがおさまっていきました。また、職員は、その経過を記録していくことで、彼の本当の要求はどこにあったのかにも気づいていくことができました。

それまでのOさんは、何か「いいこと」をしたら、すぐにほめてもらいたいという思いを強くもっていました。仲間の車椅子を押してあげたり、作業の準備をしてあげた後には、必ず職員の前で自分の頭を指さして、ほめてほしいと何回もアピールしていました。発達的にも「大きいと小さい」などを比較することが可能になる二歳半ころの力をもってがんばっていたOさんは、他者からの評価にも敏感になっていたのでしょう。

しかし、成人期の生活の中では必ずしも一つひとつほめてもらえるわけではありません。職員からほめてもらえないと自分の値打ちを感じられないというのではなく、もっと彼自身が自分の仕事や役割に値打ちを実感できるようになっていく必要があったし、そのための葛藤が材料をばらまくという行動の背景にあったと考えられます。

実践の中で職員たちは、それまでの製品の一部を組み立てるという作業（本人にはそれがどういう意味をもっている仕事なのかがわかりにくい）だけではなく、仲間たちが詰めたお茶などを販売し、買ってくれた人が喜んでくれるのが目に見えて実感できる仕事にも取り組んでいきます。その中で、Oさんも仕事そのもので手ごたえを感じることが増えていきます。また、給料を使った取り組みをていねいにくり返すことで、自分の給料でカラオケに行きたいといった思いも積み上げていきます。そうしたことの結果、ほめてほしいというアピールも減っていくのですが、それは一つひとつほめてもらわなくても自分で手応えを感じることが増えていったからなのでしょう。

自分自身をつくり変え、自己復元力を発揮するために

発達というのは、新しい自分をつくっていくことですが、それは今までの自分をどこかで否定し、古い自分と闘うことでもあり、とても大変なことです。

「道具（スプーン）を使って食べたい」という新しい要求をもった子どもたちは、それまで、手づかみではあれ自分で食べることができていたのに、自分で食べられなくなってしまいます。最初から上手にスプーンは使えないからです。そのために、イライラしたり、ひっくり返って怒ったり、ときには食事そのものを拒否したりします。大人は、スプーンの使い方を教え、「うまくいかないんだったら、手づかみでもいいよ」と言うのですが、子ども自身がすでに新しいねがいをもっているのですから、大人の理屈のようには行動で

きず、自分と闘わざるを得ないわけです。

青年・成人期にある仲間たちは、思春期から青年期へ、さらに成人期へというライフステージの変化の中で、ちょっとずつ古い自分を否定し、新しい自分をつくりあげていこうとします。先述したように、職員はそれを応援することはできても「肩代わり」することはできません。そして、自分自身をつくり変え、自己復元力を発揮するときには、必ず「間」が必要となります。ピリピリした心配や不安、監視の中では、そうした「間」を保障することはできません。

「仲間の本当のねがいは何だろう」と話し合ったり、仲間の生活全体を見つめ直したり、実践を書きことばにするという「間」をつくることで、日ごろは気づけなかったことに気づいたり、少し余裕をもって見守ったりすることができるようになります。

同じような声かけであっても、せっぱつまった調子で、いわば「間」のない声かけになってしまうのと、柔らかなトーンで、笑顔でゆったりと話すのとでは、仲間の受け取り方もずいぶんと異なるのではないでしょうか。とりわけ、声の高さや調子に敏感に反応してしまいやすい場合には、声かけの中身を受け止める前に「不快な刺激」としてとらえてしまうこともあるでしょう。声かけ一つをとってみても、そこに「間」があるかどうかで、心に響くことばになるときもあるのです。

第4章
「問題行動」の理解と実践

本章では、実践の中で大きな課題となる、「問題行動」について考えます。「問題行動」はあくまでも現象であり、現象にどう対応するのかを議論するだけでは、いわば対症療法に終始することになります。その行動の背景にある仲間のねがいや要求をどうつかむのかが、鋭く問われていると言えるでしょう。

「問題行動」には原因がある

「問題行動」には、必ず原因があります。それは、環境側に原因がある「外的」要因と、仲間に内在する「内的」要因に大きくわけて考えることができるでしょう。この両方を念頭に置き、仲間の生活や、仲間が置かれている社会的関係をまるごと多面的に見つめると同時に、仲間の内面によりそった理解をすることが必要です。

まず「外的」要因について考えます。生活環境の変化、職員の異動、集団編制の変化などによって不安定になることは、どの仲間でも多かれ少なかれ見られます。とりわけ自閉症の仲間の場合、こうした環境の変化に弱いと言われますが、新しい環境に入ってすぐの時期にはとくに混乱もなく、調子よくスタートできたように思えても、半年後や一年後から不安定さを見せることもあります。

仲間たちも、はじめは、新しい環境をとらえることに大きなエネルギーを使っており、自分の思いや葛藤を示すだけの余裕がないのかもしれません。しかし、少したってまわりが見えてくるころから、「本当はやりたくない」「もっと○○したい」という思いを種々の行動で表現するようになったり、何となくやっていた（あるいは、やらされていた）活動の意味を自分なりに探ろうとして、それが「こだわり」となってあらわれたりすることがあります。

Gさんは、新しい仕事には意欲的に取り組むのですが、仕事に慣れてくると、わざと不良品をつくって、注意する職員とのかけひきにはまりこむようになります。食事でも、必ず一回はひっくり返すような「こだわり」をみせます。職員がついて注意をしていても、他の仲間にすっと目がいくような瞬間にひっくり返し、逆に「無視」をしようとしても、今度は「こっちを向いて」とばかりに大きくひっくり返します。仕事や食事という本来の目的が見いだせなくなり、職員とのかけひきにはまりこんでしまうのです。お互いにこだわりにこだわってしまうといっそうピリピリした関係になりがちです。そうした姿に対して、職員は試行錯誤を重ねていきます。そして、Ｇさんは、仕事はできるけれど何のために仕事をするのかがとらえにくいのではないか、もっと職員との関係を求めているのではないかととらえなおし、少しでも仕事の意味が見えるように「ありがとう」と受け止められる関係や、日中のどこかでゆったりとすごすことを大事にしていきました。今も「かけひき」はありますが、自由度の高い描画活動では描くことそのものを楽しみ、また、休憩時間には好きな職員とのやりとりを楽しんでいます（拙著『一人ひとりが人生の主人公』全障研出版部、二〇〇二年参照）。

環境の変化を敏感に感じ取るのは自閉症の仲間だけではありません。Ｙさんは、おしゃべりが大好きな女性ですが、環境が変わると、いつもより声が高くなり、同じ会話のくり返しが増えます。はじめてグループホームに入ったときも、一見、明るく楽しそうに見えたのですが、食事が進まず、抜毛も見られました。明るさの裏側に、大きな不安や緊張を隠しもっていたのだと気づかされます。

グループホームでがんばろうという期待が強かったのですが、実際にどんな生活なのかをイメージすることが難しかったために、不安も高かったのでしょう。しかし、障害の重い仲間への気配りをしていくことで、徐々にいつもの自分を取り戻していきます。彼女のもつ敏感さは、環境の変化への弱さであると同時に、仲間への気配りという形でプラスに発揮できるたくましさでもあることに、ただ「すごいなぁ」と感じ入ったものです。

成人期においては、そのライフステージで必然的に起こるさまざまな変化が「問題行動」の背景にあることも多く見られます。きょうだいの結婚や出産、親の定年退職などにともなう家族関係の変化、祖父母など介護が必要な人ができることでの母親の負担の増加、さらには親自身の病気や体力低下は、どの家庭でも必ず起きてくることです。こうした場合に、家族がギリギリまでＳＯＳを出せずに抱え込んでしまうことのないよう、柔軟に対応できる施策やネットワークがどうしても必要です。

発達要求のあらわれとして

次に「内的」要因について考えます。発作や脳波異常をもっている場合の不快感、女性の場合には生理や排卵痛による不快感や痛み、更年期での体調の変化など、生理的基盤にかかわることが「問題行動」の背景になっている場合があります。そもそも、思春期や更年期などのホルモン分泌が変化する時期は、感覚的にも心理的にも易感性が高まり、不安定さを増しやすいのです。

こうした不快感や痛みをうまく表現できれば多少は楽なのでしょうが、「発作があるからしんどいんだ」「生理だから、おなかが痛いんだ」と自覚的にとらえにくい場合には、わけのわからないしんどさに向き合うことになり、それが自傷行為や他傷行為につながることがあります。家から出られにくくなったことの背景に、内臓疾患があった事例もあり、まずは医学的な対応が必要ではないかどうかを見きわめる必要があります。

さらには、発達的変化にともなって生じる矛盾が「問題行動」を引き起こすこともあります。そもそも、発達とは、古い自分を壊しながら新しい自分をつくっていく営みであり、その過程においては、いわゆる「問題行動」と言われる行動をだれもが見せると考えます。「人に伝えたい」「もっと上手にしたい」という新たな発達要求が生まれても、はじめからうまく表現したり実現したりすることができないからです。

したがって「問題行動」だけに目を奪われたり、「問題行動」の消失や軽減のみに実践の目標を狭めたりせず、おおらかな人間的共感にもとづきながら、仲間一人ひとりのねがいや要求と切り結んで、生活や活動を共有・発展させていくことが求められます。

ダウン症のFさんは、作業所に通所して一年ぐらいたったころから、動物などのまねをして周囲から「ウケ」ることを期待するようになります。三年目からは、ときに相手が嫌がるまでイタズラがエスカレートすると同時に、自分の頬をつねる行動も見られるようになりました。「イヤ」と言って動かなくなることも増えていきました。

職員は、日々のかかわりに悩みながらも、大きくは、彼女自身が仲間との関係のもち方を模索しており、かかわりたいけれどもうまくかかわれない思いを感じているのではないかととらえ、ゆるやかに見守っていきます。そして、作業や行事、ショートステイなどさまざまな場面で出番をつくるようにしていきます。その中で、自分の要求をことばで伝えることが難しかったFさんが、五年目ころから少しずつことばで伝えられるようになっていきます。作業所がはじめた喫茶店の当番が大好きになると、自分の頬をつねる行動やイタズラは、ずいぶんと影をひそめていきました。

ダウン症の人の場合、場面転換が難しかったり、頑として動かなくなってしまったりと、「頑固」「融通がききにくい」といった姿が見られやすいのは事実です。しかし、その背景に、「わかりたい」「認められたい」「伝えたい」といったねがいが隠れていないでしょうか。

原因が理解できなくても「わかる」ことはある

人間の行動には必ず原因や背景があるのですが、だからと言って、Aという原因がBという行動（結果）を引き起こすというような単純な図式で、人間の行動をとらえることは誤りです。今日、パニックを起こしたことについて、「昨日のあのことが原因だろうか」

「このことばかけが悪かったのだろうか」と原因探しだけに追い込まれると、目の前の仲間の本当の姿が見えなくなってしまいます。

どうしようもなくイライラして、物を壊してしまうような場合、仲間自身も「悪いことをした」「また、やってしまった」と感じていることは多いものです。そういう形でしか表現できない自分へのいらだちを感じていることもあるでしょう。このとき、その行動だけを「問題」にするのは、自分のいちばんつらいところ、いちばん苦手なところだけを見られているように感じられるでしょう。しかし誰だって、自分の苦手なところだけを相手から見られていたのでは、自分をつくりかえていく力にはなりません。行動ではなく、人と向き合うことの意味がここでも問われるのだと思います。

また、必ずしも原因が理解できなくても、「わかる」ことはあります。何が原因か、どんな要求があるのかを分析的にとらえることは必要ですが、人とわかり合うのは分析的なまなざしだけでできるものではありません。「どうしてかわからないけれど、とってもつらいんだね」「悲しいんだね」と受け止めることもあっていいと思います。エレベーターが閉まる瞬間が楽しくてしかたがない仲間の姿に、「どうして、こんなことが楽しいんだろう」と理屈で考えるよりも前に、いっしょに笑い合えたらステキですね。

私は、発達診断で仲間たちと出会うことが多いのですが、発達を見なければとかまえすぎると、見えなくなってしまうことがたくさんあります。一人ひとりとの出会いの中で、まずは相手の呼吸を感じ取り、合わせることができたらと思っています（なかなか難しいのですが…）。

周囲の人間関係が分断されてしまうことが問題

そして、実践的に大きな問題となるのは、こうした行動を起こす仲間自身のことというより、「問題行動」をめぐって、まわりの人間関係が分断されてしまうことです。家庭と施設とが互いに溝を感じたり、「私が担当していたときはどうもなかったのに…」と悪意なく言った同僚のことばに、今、困っている担当がだれにも相談できなくなってしまったりすることの方が問題です。同僚のことばが悪いのではなく、そうしたことばに敏感になりすぎて、集団として自己復元力を発揮できなくなっている職員集団が問われているのだと思います。

困難にぶつかったときこそ職員集団が試されるときです。一人で悩んでしまったり、「私がやらねば」とばかりに周囲が見えなくなったりということのないよう、日頃から、お互いに意見や悩みを言い合える職員集団づくりをすすめていきたいものです。

あるいは、「問題行動」を示す仲間だけに職員の目が向いてしまうと、その仲間はますます集団から浮き上がり「あいつが悪い」になってしまうこともあります。ときに、集団全体としての課題は何か、互いに「がんばっている」ことを認め合える集団になるには何が必要か、などを考えていくことも大切でしょう。

一方で、「問題行動に宝物が隠れている」「問題行動によって、仲間の見方が深まっていく」といったこともよく言われます。それは「問題行動」が、職員集団、家庭との共同、他機関との連携など、種々の共同性を高める契機につながるからでしょう。「問題行動」を示す仲間だけに目が向いていないか、家庭も職員も本人も追いつめられてしまう構造になっていないか、もう一度見直したいものです。

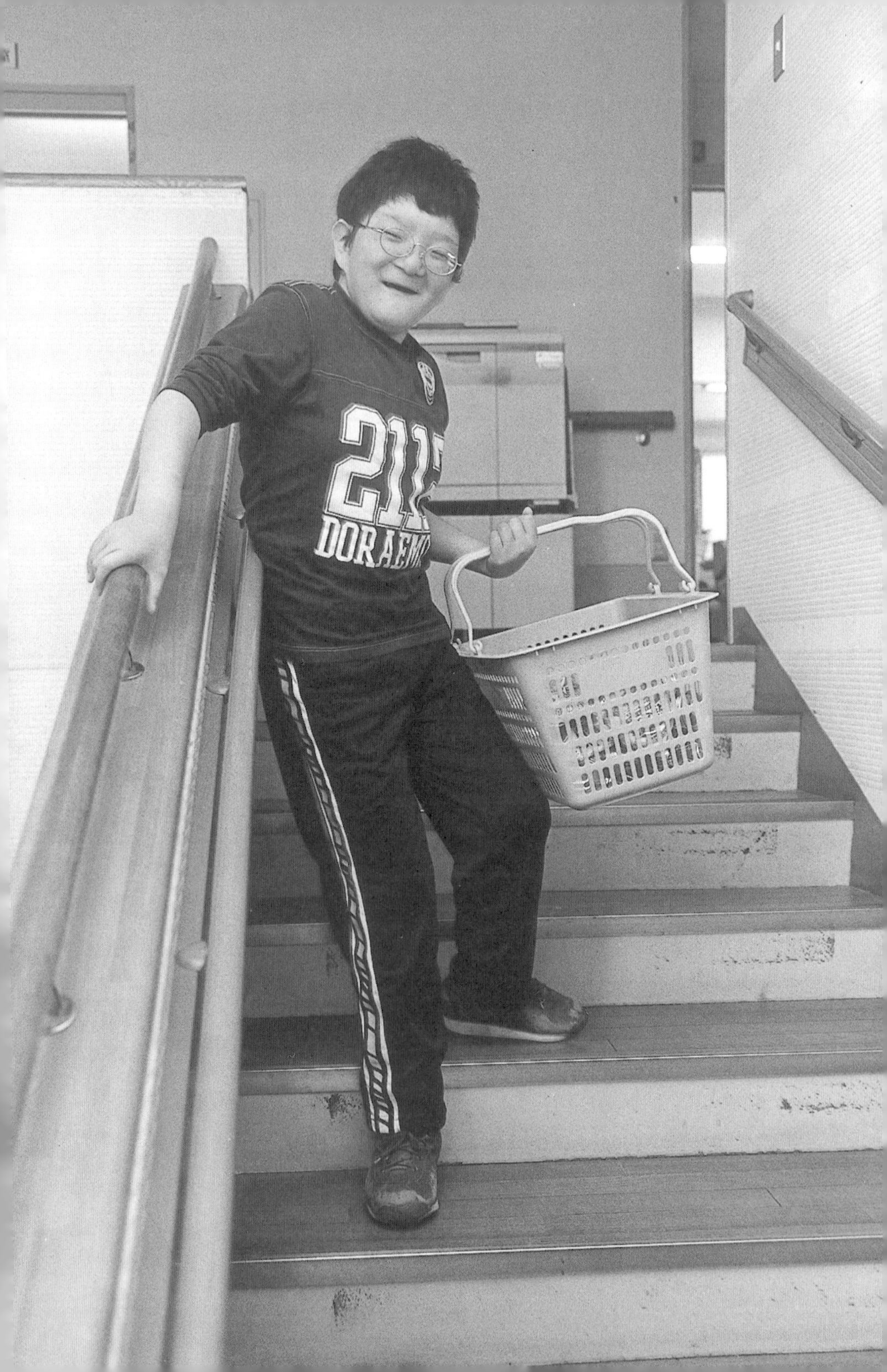

第５章

職員集団を問う

✤ 障害者自立支援法のもとで

二〇〇六年四月からの障害者自立支援法の施行は、各地で大きな憤りをよび、母子心中といういたましい事件も引き起こしました。応益負担による負担増がもたらす本人や家族の苦しみはもちろん、施設側も職員を減らさざるを得なくなったり、常勤をパートに変えざるを得なくなったところがたくさんあります。それは、職員の労働条件をきわめて厳しいものにすると同時に、必然的に仲間の生活の質を低下させることにつながります。ゆったりと声をかけたり待つことが困難になったり、仲間の話を聞く時間が少なくなったり、食事内容や入浴回数に影響が出ている作業所や入所施設もたくさんあります。

ある学習会では、新人職員から「障害のある仲間たちに触れ合っていく仕事がしたいと思ってこの道を選んだが、ゆっくりかかわることができないのが何よりもつらい」という切実な声が聞かれました。若い職員たちの希望や夢をくずすことになってはならないと、あらためてこの法律に対する怒りを感じました。

また、書類作成などの事務作業が増えることで、これまで以上に会議をもてない、とくに緊急ではない会議、たとえば仲間の変化やねがいを語り合うようなケース会議がもちにくくなっているところはたくさんあると思います。開所日が増え、非常勤職員が多くなると、職員みんなが集まる時間を確保することもますます困難です。

非常勤職員もいろいろな悩みや気づきがあっても、他の職員はみんな忙しそうで、とてもとても聞ける（言える）雰囲気ではない。そうすると、自分のやっていることの意味が見えづらくなり、結果的に自らの労働力や技術を〝一時間いくら〟で切り売りしているかのような思いにとらわれていくことになりがちです。こうした事態は、職員集団のあり方を根底から問うことになっていきます。

学校でも教師の多忙化によって「職員室から子どもの話題が消えた」とか、保育現場でも休憩時間に子どもの話をしようとしたら、「先生、休憩のときくらい、子どものことは話さないで」と言われたということが聞かれるようになりました。ですが、実践や仲間の理解は、決して一人で抱え込んでできるものではありません。また、子どもや仲間に直接かかわる時間が何よりも大事ですが、それだけでは実践が深まらないのも事実です。仲間の姿やねがいについて語り合い、自分たちの実践をふり返り、書きことばでもまとめていく時間が、直接かかわる時間と同じくらいの重要性をもっています。

しかし、厳しい現状の中では、よほど意識をしていかないと、気づかぬうちに職員同士が手をつなげなくなったり、本当はいっしょに手をつなぐべき職員と家族が、いつの間にか「敵対関係」に置かれてしまうこともあるのです。

職員集団として、語り合う——複数のまなざしの大切さ

『障害者問題研究』第三三巻一号、特集「自閉症・知的障害等の『強度行動障害』」では、入所施設と通所授産施設の実践が報告されています。両者はそれぞれ異なる角度から、「強度行動障害」を呈する仲間への支援について述べているのですが、共通していることは、実践を支えたのは職員集団であったということです。

大津の唐崎やよい作業所では、仲間たちの飛び出しやトラブルが増えた時期に、個々の仲間の姿を、担当職員や当該班の職員しかつかめなくなっていたことについて、「一つの施設に、複数の施設があるような状況」であったと反省しています。そして、「担任制」を廃止し、あらためて職員集団全体で実践をつくっていくことを大切にします。実践が行き詰ったときに、それをのりこえる力になったのは民主的な職員集団であり、「職員集団

が実践の生命線」であったと言います。

職員の労働条件が悪化し、職員集団として機能しにくくなると、自分の守備範囲を守ることだけに汲々となり、目の前のことしか見えなくなっていく傾向を生み出しがちです。職員の視野が狭まっていくと、施設全体として、職員集団として大切にしたい理念が見えにくくなります。それは結果的に、職員にとっては、自分の仕事の意味、労働の目的が見出せず、「だれのために、何のために」仕事をしているのかがわからなくなり、孤独感を増大させていくことにつながります。「仕事がしんどい、やめたい」と感じるとき、それは、物理的な仕事量の多さももちろんありますが、それだけではなく、「こんなにがんばっているけど、いったいどういう意味があるのだろう」と、仕事の意味が見えなくなることが「しんどさ」を増大させることもあるのではないでしょうか。それをのりこえるには、互いの仕事の意味やねうちが確かめ合える職員集団のあり方が問われることになるのだと思います。

職員がバラバラの思いで、お互いの共通認識もないままに実践を進めることは、仲間を混乱に陥れることになりかねません。だからといって、細かいマニュアルをつくって機械的に対応やことばかけを一致させればいいわけでもありません。職員みんなが同じ調子、同じタッチでかかわることは、仲間にとっても常に「同じ顔」を求めることになり、職員もそれぞれの個性を生かし、自分で模索しながら自立的に実践を考える機会が奪われてしまいます。

職員体制が厳しい中では、「効率性」や「マニュアル化」を求めることになりがちです。機械的に対応を一致させることの方がはるかに簡単ですし、最低限の安全確保などでは、マニュアル化しなければならないこともあるのですが、それは「管理」に陥る危険性をともなっていることを意識する必要があります。「管理」は、ひたすら安全だけを守る方向に実践を狭め、仲間のねがいや要求を引き出したり、新たに挑戦したりすることを困難にさせます。評価も一面的になりがちです。機械的な意思統一ではなく、実践観や発達観を基本的に一致させながら、職員がそれぞれの個性や創造性を発揮していくためには、お互いに異なる意見を出し合い、時間をかけて論議すること、学習していくことがどうしても必要になります。

自分が抱くと緊張が高まる

身体に重い障害をもち、表情や身体の動きで思いを表出することがきわめて難しい仲間たちへの実践においては、マンツーマンで介護や支援をすることが基本になりますが、その場合、仲間の表情の変化が見えにくいがために、自分のかかわりに自信がもてなくなり、実践の展望が見出せず職員が孤立感を感じてしまうこともあります。

二〇〇五年の全障研全国大会（北海道）で、私は、「重度・重複障害」の分科会に参加したのですが、そこでもこうした悩みが複数出されました。とくに、仕事をしはじめたばかりの若い職員や教師が、必ず一度はこうした「壁」にぶつかることになります。自分が抱くと、仲間の身体の緊張が高まってしまう、笑顔が見られない、食事を食べてくれない。でも、先輩職員や保護者が抱くとゆったりした姿勢で笑顔も出てくる、食事も食べる。いったい自分がかかわることにどんな意味があるのだろう、自信がない…、といった悩みや「壁」です。

しかし、ある身体障害者療護施設の若い職員からの、「毎日のかかわりで感じたちょっとした変化、それはときに自分の思い込みにすぎなかったのかもしれないのですが、〝今日、声をかけたら、ちょっと表情が緩んだ〟〝今日は、いいウンチが出た〟といったようなことについて、〝へぇ、すごい〟と言ってくれる先輩職員の存在が何よりも仕事を続けるエネルギーになった」という発言に、職員集団の力を確信することができました。

第3章では、実践に必要な「間」について述べましたが、仲間自身が自分の本当の要求に気づき、職員が仲間の要求をとらえるためにも、私は「間」が必要だと考えています。多動であったり、行動が激しい場合には、その「間」を意識的につくる努力が、より必要になっていきます。

たとえマンツーマンで仲間につくことになっても、職員が一人で抱え込み、一人で悩んでいる関係の中では、いい「間」をつくることは難しいものです。厳しい職員体制の中で、自分がマンツーマンでついているのだから、自分が何とかしなければならない、他の職員に迷惑をかけるわけにはいかない…、ということになってしまうと、仲間と職員が閉じた関係に追い込まれてしまいます。自分自身をつくり変えたり、自己復元力を発揮したりするときには、必ず「間」が必要であり、その「間」を保障するためにも、複数のまなざしで仲間の姿をとらえ、いっしょに考えていくことが必要ではないでしょうか。

これは、親子関係にもあてはまります。いえ、親子だからこそ、職員との関係よりもいっそう閉じた関係に追い込まれることはよくあります。思春期や青年期で「問題行動」が増えたというようなとき、決して親だけが抱え込まなくてもいいような支援と社会資源がどうしても必要です。

分断され、孤立させられかねないからこそ

職員集団のあり方が根底から問われていると書きましたが、やはり、いかに職員同士が語り合う時間をつくるかが不可欠だと考えます。立ち話程度の話し合いであっても、「プ

チケース会議」として、お互い意識的に話す時間を大事にしようとする、若い職員にベテラン職員が「作戦タイム」の時間を保障する、短時間であっても非常勤職員の率直な声を聞く時間をつくる、非常勤職員もいっしょに学習会を行う、全障研全国大会などを実践の節として必ず若い職員がレポートを出せるように応援する、こういった努力を積み上げることが大切だと思います。

その際、異なる職種のそれぞれの専門性と共同性をぜひ大切にしてほしいと思います。仲間への支援も、それぞれの職種ならではの視点があります。

毎朝、必ず厨房をのぞきにきて、昼食のメニューをたしかめ、「今日は○○だよ」と厨房職員に答えてもらうことが、一日のスタートとしてとても重要な意味をもっている仲間もいます。執拗に「今日は、カレーか」といった質問をくり返すことが増えたことに、「あれ?」と思っていると、実は班の他の仲間との間でトラブルが起きていたというように、班の職員は気づかなくても、他の職員が気づいていたということもあります。職員同士が対等平等の関係で、お互いに相手の仕事に敬意を払いながら、実践を進めていきたいものです。

仲間たちの集団、自分づくりを問うことは、援助する側の仲間づくり、自分づくりが鋭く問われることです。子どもの自己肯定感をはぐくもうとする保育・教育や子育てにおいて、育てる側の自己肯定感が問われるのと同じように、人を援助し励まし、ともに生き生きとした生活や人生を築いていこうとするときには、職員側の自己肯定感も問われます。

弱いところも苦手なところもあるけれど、大きなところで自分を肯定的に見つめられるからこそ、仲間の姿をおおらかに見つめることができるのでしょう。そうした職員の自己肯定感をはぐくむのは、やはり職員集団の力です。若い職員もベテランの職員も、それぞれが自分らしいかかわりをしながら、集団として力を発揮でき、そして一人ひとりの職員が自覚的に学び、自分を高め、自信をはぐくむことのできる職員集団になるためには何が必要なのでしょうか。各施設での取り組みや教訓を交流し、学び合っていきたいものです。

空

第６章

職員の専門性にかかわって

本章では、職員の「専門性」について考えてみたいと思います。福祉現場でも教育現場でも、専門性が問われることが多くなっていますが、ともすると、それが狭く偏った理解になり、互いの仕事や役割を正当に評価することを妨げているのではないかという危惧をもちます。

とは言え、この課題を全面的に展開することはできませんので、二つのことについて問題提起をしたいと思います。

目の前の仲間に向き合う

数年前のことになりますが、ある無認可作業所に通う女性の仲間のことで相談を受けました。彼女は、養護学校を卒業して作業所に通所した当初、仕事にも余暇活動にもはりきっていました。学校時代からも生徒会活動などでがんばっていましたが、卒業後も新たに車椅子ダンスに挑戦するなど、青年期らしい生活の広がりを見せていたのです。

しかし、一、二年たったころから、拒食や登所拒否をするようになりました。病院も受診しますが、内科的には問題はなく、カウンセリングについては「知的障害があるから難しい」と言われたようです。

当時の彼女は、客観的に見れば、学校卒業後の新しい人間関係、社会的関係の中で、青年期らしい自我の再構築を行っていたと考えられます。それには大きな「ゆれ」や葛藤をともないます。周囲、とりわけ家族や自分自身に対して、ときに否定し攻撃し、ときに密着的に甘えるということをくり返しながら、新しい社会的関係の中でもう一度自分の位置を築きなおしていくのです。

自分をつくり変えていくのは彼女自身であり、そのつくり変え自体をだれかが肩代わりできるものではありません。しかし、そこでは、おおらかにその営みを見守りつつ、いっしょに泣いたり、怒ったりしながらも「胸を貸してくれる」人の存在が必要になります。

身近な家族がその役割を果たすことも多いのですが、家族内だけで解決しようとすると、いっしょに「ゆれ」や葛藤の荒波に巻き込まれてしまうこともあり、第三者的に家族関係を調整する人が必要になってきます。また、そもそも青年期における自我の再構築には、思春期までの依存構造を組み替えて、家族以外の仲間や社会との関係で、新たに「依存しつつ自立する」関係を構築していかなければなりません。つまり、家族関係だけでは解決できないことが多いのです。

彼女が通っていた作業所の職員は、週に一、二度彼女の家に行き、ときにいっしょにご飯を食べ、悩みを聞き、ときにちょっと厳しく突き放すようなことをしていきました。さらにはがんじがらめになりがちな親子関係をときほぐすように、親の相談にものっていきました。

しかし、日中は、他の仲間たちが通所してきますし、そこを離れられるほど職員体制に余裕があるわけではありません。夕方以降の時間に、いわば自分の時間を削って行くしかないのです。もちろん、そこには他の同僚職員の理解もありました。そして、行きつ戻りつはあったのですが、彼女は少しずつ食べるようになり、外に出るようにもなっていきます。

制度の谷間におかれた困難を社会化する

また、別の無認可作業所ですが、幼いころからずっと家から出ず、学校にも行かずにすごしてきた知的障害のある人に、時間をかけてつき合っていった事例があります。慣れないこと、新しいことに大きな不安を感じると、それが「大暴れ」という形で表現されてしまうため、家族もどうつき合っていいのかわからなくなっていました。作業所の職員は、いっしょに部屋の掃除をしたり、いっしょに銭湯に行くことから取り組んでいき、彼が少しずつ人間らしい生活を取り戻せるように援助していきます。一、二年後には、毎日はりきって作業所に通うようになり、作業所での旅行では知人にお土産を買う気配りをするまでになりました。

いずれの事例も、必要なときに必要な社会的支援が受けられず、制度の谷間におかれてきたような経過をもっています。そして、直接かかわってきたのは、いずれも二〇歳代の若い無認可作業所職員です。彼らは、自分一人ではどうすることもできないのではないかという思いをもちつつも、でも自分の仕事ではないと放っておくことはできず、福祉の仕事を選んだ自分の生き方や思いに真摯に向き合いながら、それぞれの仲間とつき合っていきました。

ただ、つき合っていく中で、やはり一人で抱え込んでいくことはできない現実にぶちあたったとき、行政にも働きかけ、結果的に仕事を社会化していきました。厳しい労働条件の中で、ここまでつき合ってきた二人に、本当に頭がさがります。

では、二人がしてきた仕事の意味をどうとらえたらいいのでしょうか。彼らは、カウンセリング技法を学んできたわけでもなければ、発達保障に対する深い造詣をもっていたわけでもありません。また、単に「若い」からできたのでもないでしょう。

いっしょにご飯を食べたり、銭湯に行ったり、作業に取り組んだりすること自体は、通常「専門性」とはみなされにくいものです。しかし、決して「○○療法」「△△法」と名前のつくものだけが専門性ではありません。

仲間の生活現実を深くまるごととらえ、眠っている要求を地道に引き出し、ともに実現し、喜びや悩みをわかち合い、そして、その過程を他の職員や家族、他機関との共同、協働に結び付けていく。そこには、他の何ものにも換えがたい、つまり他では担うことのできなかった「専門性」があると考えることはできないでしょうか。

同時に、そもそも無認可作業所自体が、きわめて厳しい条件の中にありながらも、こうした「制度の谷間」にある困難に向き合い、それを社会化していくという大きな役割を担ってきました。このこと自体をもっと社会全体が知っていく必要があるでしょう。

見えないものを見ようとする

もう一つ、別の角度から考えてみたいと思います。

重症心身障害児施設びわこ学園で六〇年代後半に撮影された記録映画『夜明け前の子どもたち』を、学生時代にはじめて見たときの、何とも言えぬショックと、同時に自分自身が解き放たれたような感覚を、私は今も忘れません。

ショックは、何と言っても、その映画が私にとって重症心身障害児とのはじめての出会いであったことからくるものであったと思います。映画には、「ねたきり」で、頸もすわらず、目も見えず、耳も聞こえず、表情が変わらないシモちゃんが登場します。温かいお湯のはられた浴槽でユラユラ揺らされても表情一つ変えないシモちゃんに、職員たちの無力感ともどかしさが画面全体から伝わってきます。しかし、あれもできない、これもできないと「できなさ」や「弱さ」を列挙するだけでは療育の糸口はつかめない、「ねたきり」ではなく「ねることができる」と見方を大きく変えたときに、はじめてシモちゃんと向き合った実践がはじまっていきます。そしてとうとう、シモちゃんは映画の後半で、やわらかい笑顔を見せるのです。

また、多動でことばのないナベちゃんは、目を離すとどこに行くかわからないし、厳しい職員体制では安全を保障することができないと、白い紐でくくられていることもありました。しかし、何とかその紐を解き放ちたいという職員の思いも強く、そのためには、もっと広い場所でもっと自由に動ける空間で、いっしょに人間関係をつむげるようにならないかというねがいから、河原での石運び作業に参加していきます。学園内にプールをつくる目的ではじめられていた石運び作業なのですが、「ナベちゃんには難しい、危険だから」と参加が見送られていたのです。ようやく作業に参加したナベちゃんは、広い河原をうれしそうに走り回ります。石運びについても、職員は、あれやこれやと工夫して働きかけるのですが、ナベちゃんはなかなか石を運ばず、みんなと活動を共有することができません。ある日ナベちゃんは、職員がかごに入れる石を次々と地面に落としていきます。その姿に対して、「石運びができなかった」ではなく、「石は運ばなかったけど、人間関係を運んだ」というナレーションが入ります。あぁ、そうか。ナベちゃんにとって、石を運ぶことよりも、人間関係を築き運ぶことの方がもっと大切だったんだ…。

このシモちゃんやナベちゃんの姿、そして職員たちの姿から、学生時代の私には、うまく説明はできないものの、何か世界が大きく展開したような感覚を感じたものです。それは、ものごとの表面だけを、見えるものだけを見るのではなく、見えないものに心を寄せ感じ取っていくことの大切さであり、一見、手当たり次第に試行錯誤しているようだけれども、そこから一本の真実が見えてくるのだということでもあったと思います。

その後、私自身は発達相談の仕事に入っていきましたが、見えないものが見えるようになりたい、あるいは見えるようにならなければならないという思いが、どこかでずっとつながってきたと思います。

自分自身、いまだにそれができているとは言えないのですが、しかし、この「見えないものを見ようとする力」は、障害のある仲間たちに向き合っていく者にとって欠かすことのできない資質の一つではないかと思います。
ことばのない仲間の思いやねがいを聞き取り、表現しづらい身体の痛みやしんどさを受け止め、パニックや自傷行為で表れる苦悶やジレンマに寄り添っていく。あるいは、仲間や家族のことばに隠れた本当のねがいをつかんで組織していく。さらには、これまでの歴史や社会的関係にもまなざしを向けて理解しようとする。こうしたことの一つひとつに豊かなイマジネーションが要求されます。

「効率化」は見えるものだけを見ようとし、数字に表れるものだけを評価しようとします。しかし、そこだけでつくられていく仕事は、うわっすべりの、仲間の生活現実に切り込まないものになってしまいがちです。そして、結果的に「制度の谷間」をさらに拡大していくことにもなります。

制度はつくられていくものではなく、つくりあげていかなければならないものですが、そのためにも、「見えないものを見ようとする」努力が不可欠ではないでしょうか。そして、その努力と熟練のためには、何よりも職員の雇用・労働が安定したものにならなければなりません。雇用・労働が安定することではじめて、熟練が蓄積されていきます。

障害者自立支援法によってこの基盤が崩されかねないからこそ、声を大にして言いたいと思うのです。

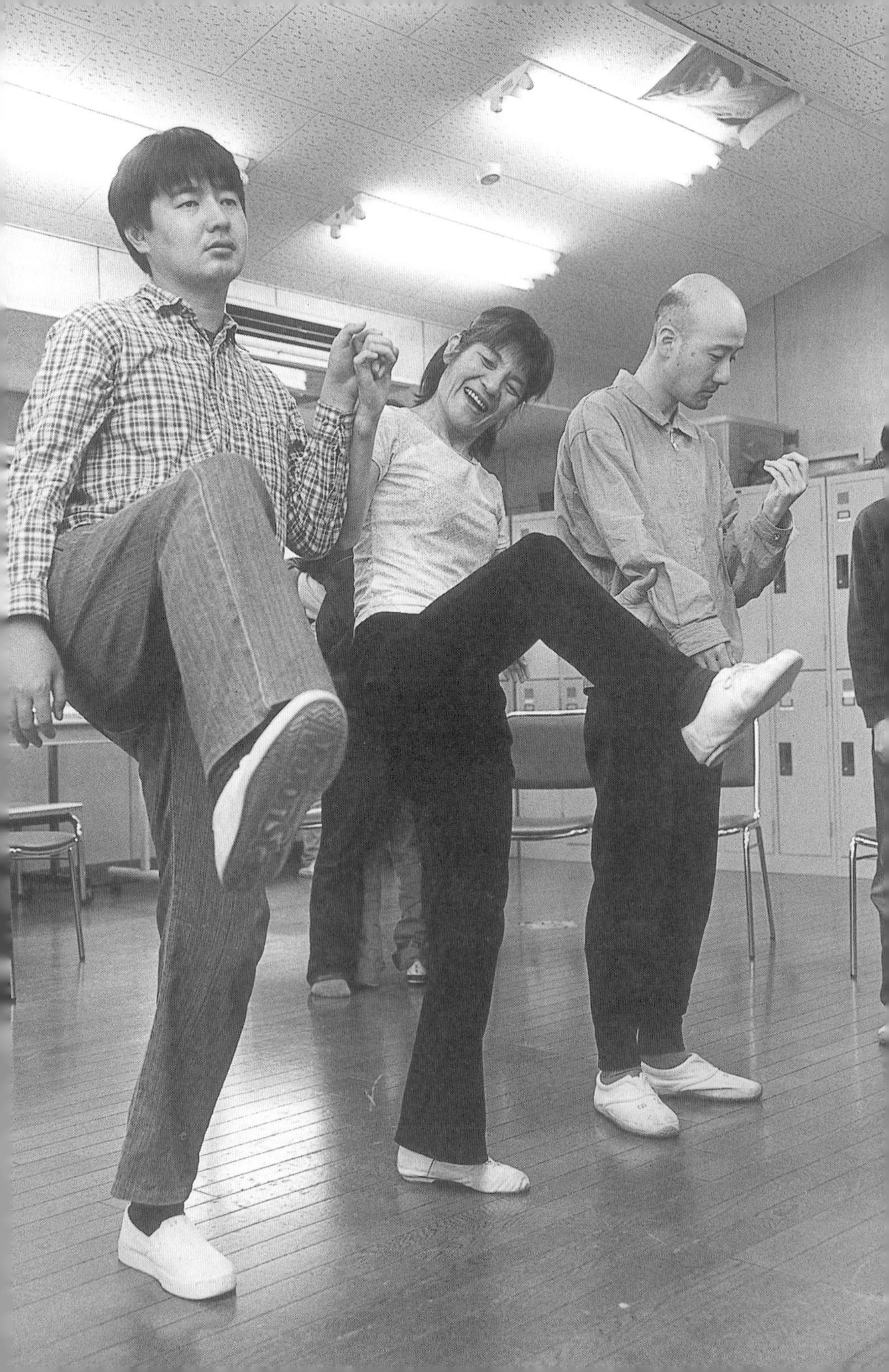

第７章

生活を問う

生活を構成するのは「生活要求」と「生活実践」

障害のある人たちの生活を考える視点として、「ＡＤＬ（日常生活動作）からＱＯＬ（生活の質）へ」と言われて久しくなっています。

療育や教育の場においても、まずは身辺自立とばかりに、狭い意味での「できる」こと、すなわち生活動作としてできることばかりを追求するあまり、自分で食べることができなければ、食べたいものを選ぶことは問題にならない、自分で着脱ができなければ、着たい服を選ぶことはできない、ととらえられることも少なくありませんでした。しかし私は、自分でできることが、自分への手ごたえや誇り、他者との共感、さらには生活の広がりと結びついて獲得されていくよう、人格発達と結合した能力の獲得がめざされるべきだと考えます。

では、ＱＯＬ（生活の質）とはいったい何でしょうか。ＡＤＬにはなくて、ＱＯＬにあるもの、それは「生活要求」という視点だと思うのです。もちろん、ご飯を食べたり、衣服の着脱をしたり、排泄をしたりといった実際の生活動作、あるいは生活実践を軽視するわけではありません。

しかし、自分の生活をふり返ってみても、「今夜は○○を食べたいな」とか「あの服を買いたいな」「年に一回ぐらい温泉に行きたいな」といった「生活要求」があってはじめて、自分らしい生活ということができるし、自分の生活を自分でつくっているという実感を得ることができます。これは、どんなに障害が重くても同じではないでしょうか。自分で食べる自由、自分で着脱する自由の獲得も大切ですが、それと同じくらいに、ときにはそれ以上に、食べたいものを選べる自由、着たい服を選べる自由も大切なのです。

難聴と知的障害をあわせもつ女性は、二〇歳代前半までおしゃれやファッションに興味をもつことはありませんでした。しかし、二五歳になってあらたに通所しはじめた施設の若い職員が、彼女といっしょにファッション雑誌を見たり、買い物に出かけたりすることで、おしゃれにどんどん関心をもつようになっていきます（全国聴覚言語障害者福祉研究交流集会での分科会討議より）。

また別の女性は、通っている作業所にきた学生ボランティアに触発され、化粧をしてくるようになりました。はじめはアイシャドーや口紅をつけすぎて、周囲から「ウーン」と言われることも多かったのですが、徐々に程よいものになっていきました。

障害があるということは、何らかの「できなさ」という制約をもつことなのですが、ともすると「要求」や「ねがい」までもが制約を受け、眠り込まされてきてしまっていることが少なくありません。もちろん、生活要求をもつことによって、それが簡単に実現されていかない悩みやジレンマをも抱えることになるのは避けられません。

でも、だからこそ、少しでも実現できたときの喜びはいっそう大きく、生活が生き生きとしてくるのではないでしょうか。現に仲間が表現しているニーズにだけ目を向けるのではなく、生活要求をいっしょにつくりあげていくのも、青年・成人期における実践課題だと思います。

障害の重い人にとっての自己決定とは

こうした生活要求を考える際、自分で決めたり選んだりすることができる力をつちかってきているかどうか、あるいは今の生活の中で、自分で選ぶことが大事にされているかが重要になってきます。

大津市にある「さくらはうす」では、いくつかの班にわかれて日中活動を行っていたのですが、通所者が増えてきたことや、職員が自分の班のことしか見えなくなってきてしまったのではないかという問題意識をきっかけに、散歩などの取り組みでは、仲間一人ひとりのペースやその日の体調によって、班にこだわらない編制で出かけるようになりました。

Aさんは、健康面の課題からも歩くことが必要な人なのですが、それまで散歩になると、職員が誘っても〝イカナイ〟と言って座り込んでしまうことが多かったようです。やむなく、班職員の一人がのこったり（その分、散歩に行く職員の負担が増えます）、散歩の間、施設内で活動をする他の班に入ったりしていました。

しかし、班のメンバーが出かけたのに、自分だけがのこっていることに「取りのこされた思い」や「マイナスのイメージ」も感じていたようです。そのために、Aさんはますます主体的になれないという悪循環になることもありました。

班を越えた編制で活動に取り組むスタイルになってから、Aさんは施設にのこって活動するグループに入ることを肯定的に選べるようになりました。「行けない」のではなく、自分で「行かない」と決め、そのことに対して、本人も職員、まわりの仲間たちも否定的に見なくなっていったのです。すると、不思議なことに、〝イク〟と散歩に参加する日も出てきました（「さくらはうす」増野さんの実践報告より）。

障害の重い人の自己決定を考える際、ともすると、実物やカードでの選択肢を用意して

「どっちにする？」と選んでもらったり、「○○したい人？」と尋ねて、手をあげてくれたら自己決定になるような錯覚に陥ったりしがちです。また、マンツーマンで本人の意向を聞き出すことが、よりていねいに自己決定を引き出すことになると考えがちです。

ですがAさんの場合、散歩に行くことがあたりまえの状況になってしまうことによって、「散歩に行ってほしい」という職員の思いに対して、拒否をする形でしか自分の思いをつくれなくなってしまいました。職員がマンツーマンでAさんに向き合えば向き合うほど、かえって自己決定の機会を奪うことになっていたのかもしれません。

また、仲間が活動に参加できないとき、その活動の内容がわからず、見通しがもてないから参加できないのではないかと考え、わかりやすく見通しがもてるような工夫をします。しかし、参加しないのは、わからないからだけなのでしょうか。たしかに「わからないからできない」こともありますが、もしかすると「わかるけれどもしない」、あるいは「わかるからしない」ことだってあると思うのです。

仲間の行動を一面的に理解してしまわず、少し大きな視点で見ることによって、本当の自己決定に一歩近づけることもあるように思います。

成人期の例ではありませんが、ある自閉症児は、偏食が強く、家庭での食事や学校の給食ではなかなか食べられるものが広がりませんでした。しかし、お母さんといっしょにデパートに買い物に出かけたとき、デパ地下の実演コーナーで紹介されている食べ物にふと手をのばし、食べられるようになることが何回かありました。

家庭や学校ではおとなの「食べてほしい」という意図を強く感じてしまい、自分から食べることにはならなかったようです。しかし、デパ地下では、そうした意図を感じなくてもよかったのでしょう。

本来、生活とは、親や教師の意図を越えたハプニングを含み込める豊かさをもっています。目標を太いタッチで描いておくことは必要ですが、計画やプログラムの中に、こうした生活そのもののもつふくらみや豊かさが失われないようにしたいものです。同時に、職員側の生活観や生活感を磨いていくことも忘れずにいたいものです。

生活の彩りや文化について

二〇〇六年夏、奈良で行われた全障研全国大会の閉会全体会。舞台いっぱいに太鼓や踊りを披露してくれた青年たちに、参加者みんなが大きなエネルギーと感動をもらうことができました。

その舞台上で、太鼓のバチをもちながら両耳をふさいでいる青年がいました。音に過敏な障害児・者は決して少なくありません。しかし、舞台上の彼は、耳をふさぎながらも決して不快そうではなく、身体全体をリズムに合わせて動かし、全員で「ヤー」と両手を突き上げるところでは、誇らしげに大きく手を突き出している姿が印象的でした。

今、学校教育では、「学力低下」問題とかかわって、音楽などの教科の時間数を削減する動きがあります。しかし、それで本当に学力が向上するのでしょうか。障害児教育においては、卒業後を見通して、狭く就労のための力を獲得させることに汲々とする傾向が増えてきています。一九五〇年代、六〇年代にさかんに行われた「学校工場方式」ほどではないにしても、多少追い込まれてでも単純作業ができる力を獲得させることに、大きなエネルギーがさかれようとしています。

そうした学校の雰囲気に危惧や違和感をもちつつも、「この子たちの将来のため」「障害があっても税金を払えるように」と言われると、なかなか意見を出せずにいる教師も多いようです。

しかし、作業所に通ってきている仲間たちや、一般就労でしんどくなって作業所に来ることになった仲間たちを見ていると、「長時間、単純作業をこなせる力」の獲得だけが、長い目で成人期を見たときの労働の力、生活の力ではないことも痛感します。

そもそも青年期とは、外界や他者との関係を築き直し、自分が自分の行動や生活の主体であることを意識し直すときです。作業所に来ている仲間たちも、いったんはスムーズに新しい環境や作業に入れたように見えても、必ず「くずれる」ときがきます。作業に向かえなくなったり、登所拒否をしたり、パニックを起こすようになったりと、表し方はさまざまですが、活動と自分との関係をくずすことがあります。

新たな人間関係や社会的関係の中で自分の障害にぶつかったり、今までになかった価値観に出会ったり、仕事の意味が見えにくくなったり、言われるからするのではなく「自分でする」という関係をつくろうとしたり、親離れによってあらたな人間関係をつくろうとしたりと、背景はそれぞれ異なっているのですが、客観的に見れば、そうした葛藤を経て、再び外界や他者との関係をつくり直すのであり、それが青年期における「自我の再構築」といわれるものです。しかし、その葛藤の中にいる当事者は、苦しみや切なさに向かい合うことになります。

こうした苦しみや切なさをのりこえていこうとするとき、生活の中に楽しみや喜びを感じられるものがあるか、ふと心に響いてくるような音楽やリズム、ことばがあるか、人とわかち合える楽しさやくつろぎがあるかといったことも、とても大切だと思います。教育で伝えていく価値や文化とは何か、今一度問い直したいものです。

第8章 障害の重い人にとっての労働を考える

全国大会の分科会論議から

二〇〇六年の全障研全国大会で、私が共同研究者を務めたのは、成人期の「障害の重い人の日中活動」分科会です。この分科会は、二〇〇三年の滋賀大会ではじめてできました。それまでは、「労働」という枠組みの中で障害の重い人のことも議論してきたのですが、障害の重い人の分科会を新たに立ち上げると同時に、より広く「日中活動」をどう創り出すかという視点で、実践を議論することになったものです。

そこではこれまで、「労働」だけではなく、散歩、創作、スポーツ、旅行などのさまざまな取り組みや、医療的ケアのことなどを取り上げてきました。その背景には、障害の重い人にとって、「労働」だけを軸に作業所などでの実践を構築することは難しく、「労働」だけで豊かな生活や人生を創り出していくことができないという問題意識がありました。

しかし、この大会で、とくに重度肢体不自由や重症心身障害の人について議論する分散会に提出された三本のレポートは、いずれも「労働」をテーマにしたものでした。そこには、障害者自立支援法のもとで、障害の重い人の労働が軽視されかねない状況に危機感を感じ、あらためて労働の意味を確かめ合いたいという思いがあったことが大きいと思われます。

こうした分科会の経過は、障害の重い人の「労働」について、従来の枠組みの中だけでとらえるのではなく、一人ひとりの生活を深め、要求をくぐったうえで、新たに「労働」のあり方を考えようとするものではなかったかと思います。従来、労働は、生産性の追求や賃金保障と不可分のものとしてとらえられてきました。しかし、障害の重い人にも同じような労働を要求することになると、本人を追い込み、場合によっては発達や人間性から疎外されることにもなりかねません。

労働は、「〜しよう」「〜をつくろう」と何らかの価値を創り出すことを求める目的意識の強さを必然的にもっています。そのため、自分の目的意識をつくって行動することが難しい発達段階でがんばっている人たちや、目的意識をつくって行動することがまさに発達課題である人にとっては、自分の外に強い目的意識があることによって、そのことに自分を合わせすぎてしまい、ますます従属的にしか行動をつくり出せなくなってしまうことがあります。拒否することができずに強迫的に仕事に向かってしまい、結果的に満足感や達成感をもつことができないということもあります。あるいは、職員が工程のほとんどを担ったのであって、本人の主体的参加がどこにも見えないというジレンマに陥ることもあります。

障害の重い人たちにかかわっている職員は、一度はこうした矛盾にぶつかることになります。

「労働以外の活動」が、新たな「労働」を創り出す

拙著『一人ひとりが人生の主人公』において、私は、障害が重い人の日中活動を創り出す実践は、現在大きく第三段階に入ってきているのではないかと述べました。少し長くなりますが、紹介します。

「第一段階は、『働くなかでたくましく』『作業に仲間をあわせるのではなく、仲間にあわせた作業をつくっていこう』という作業所づくりの理念のもとで、どうしたら仲間一人ひとりが労働に向かえるのかを模索してきた時期です。知的障害の重い仲間たちが少しずつ作業所で受けとめられるようになってくるなかで、作業工程を分解したり、流れ作業にしたり、「運び」など基点と終点の明確な作業にしたりと、種々の工夫をしながら「労働」のあり方を考えてきました。しかし、そういっ

た工夫をしても、作業中心の日課では難しい場合も見えてきました。

第二段階は、そうした仲間たちに対して、集団編成を考えたり、『半日労働』などの日課を工夫しながら、『労働』だけでなく『労働以外の活動』もという模索が行われてきた時期です。半日は作業に向かうけれども、半日は戸外へ散歩に出たり、調理などの活動をしたりという実践が行われるようになっていきました。（中略）

こうした第二段階を経て、今は次の段階に発展してきていることを感じます。それは、『労働』か『労働以外の活動』か、あるいは両者をどう組み合わせるのか、ということではなく、その縛りを越えたところで、仲間たち一人ひとりの生活を見つめ直し、障害の重い仲間たちにとっての『生きがい』について模索しながら、それぞれの作業所で独自の実践がつくられはじめているということです。そのなかで、あらためて『労働』についてもより発展的に考えられるようになっていると感じます。そこには、半日労働という日課にするだけでは、『労働以外の活動』は楽しいけれど、『労働』はますますつらくて苦しいだけのものになってしまうといった実践的な認識も背景にあったようです」

＊

こうして、「作業所だから」「大人だから」という縛りをいったん解き放ち、一人ひとりの仲間が今の生活をどう感じているのか、どんな要求をもっているのか、眠っている要求はないのかを、ていねいに拾い上げ、散歩、創作・表現活動、音楽・リズムなどの多様な取り組みを追求し、一方で集団編成のあり方や日課の検討も続けてきました。また、地域とのつながりを生かし、地域に開かれた活動のあり方も模索してきました。

その中で、仲間の「作品」を絵はがきやTシャツにすることによって社会的な価値につなげたり、散歩を、チラシのポスティングのような労働に発展させていく取り組みも紹介されるようになりました。「労働以外の活動」が、新たな「労働」を創り出してきたわけです。

労働の内容や形態を追求する視点と、労働を行う主体である仲間のねがいに寄り添っていく視点とを何度も往復することによって、実践は新たな質を創り出していきます。これは、学校での教育内容と子どもとの関係においても同じことが言えるでしょう。どちらかに一面化されたり、「完成したもの」として追求し続けることを放棄してしまうと、どんなによい教育内容であっても、子どもにとって反対物に転化してしまうこともあるのではないでしょうか。

一人ひとりの価値観や目的意識をとらえて

一口に重い障害をもっていると言っても、それぞれの認識状況も生活暦も異なります。

その中で、労働のあり方を一方的に押し付けるのではなく、一人ひとりの価値観や目的意識のもち方のちがいを発達的にとらえた支援が求められます。

「お金」と結びつけて自分の仕事の値打ちをとらえる人もいれば、「お金」とは結びつかないけれど、人に喜んでもらったり人に役立つことに価値を見出す人もいます。また、つくりあげていくプロセスそのものが楽しく、何かができあがっていくことに喜びや満足感をつかみとる人もいます。さらには、プロセスをとらえることは困難でも、粉や水に触れる感覚を楽しむ人もいます。

こうした場合、創作活動や「あそび」とどう区別されるのかという議論はありますが、労働においては、創作活動や「あそび」では見られない緊張感やハリが見られやすいのも事実です。仕事着やエプロンをつけたり、職員の緊張気味の声かけがあることで、いつもは見られない、真剣な表情になるといったこともあるのではないでしょうか。

一方で、「あそび」や創作活動などでは、基本的に何をしてもいい、何をつくってもいいという絶対的な自由が大切になります。

労働とは自分自身の再生産でもある

二〇〇六年度のおおつ福祉会実践交流会では、「労働とは、自分自身の再生産である」ということについて議論されたと聞きます。仲間たちが、毎日、喜んで作業所に通っているという事実があり、そのことにもっと確信をもとうではないかということだったようです。

私たちは通常、労働で得た賃金によって、食事をし、生活の場を確保し、余暇を楽しんで、明日も働くエネルギーを充填させます。いわば賃金を媒介にして自分自身を再生産しているわけです。労働と賃金の結びつきをとらえることが難しい障害の重い人たちにとっても、「また、明日も作業所に来たい」というエネルギーがつくり出されているならば、それはかけがえのない価値の一つでしょう。

逆に言えば、がんばりすぎて体調を崩してしまったり、自分の「できなさ」「弱さ」ばかりに向き合わざるを得ないならば、それは「明日も来たい」と自分を再生産することができない労働になってしまっていると言えるでしょう。

このように自分を再生産していく、あるいは自分に手ごたえを感じ取っていくというとき、他者との関係が鋭く問われてきます。とりわけ発達的に二、三歳ころまでの段階でがんばっている仲間たちにとっては、抽象的・社会的関係において自分の労働の意味をとらえることは難しいのですが、具体的に目の前にある活動において、具体的に目の前にいる他者との関係で、自分のしていることの値打ちをとらえていきます。だからこそ、いっしょに働く職員や他の仲間から「ありがとう」と受け止められることが大切であると言えます。同時に、成人期だからこそ、作業所内の人間関係を越えたところでも、そうした関係がつくり出されていかないだろうかと願います。

二〇〇五年の全障研全国大会（北海道）の分科会では、自分の手を動かすと太鼓の音がするという活動を楽しめるようになった重症心身障害をもつ高等部生が、地域の子ども祭りで、的当てコーナーの「店番」を務め、子どもたちの歓声の中で太鼓を鳴らしたという報告がありました。的に命中したときだけではなく、ずっと鳴らし続けていたらしいのですが、教室内で同じ活動をしたときよりも、もっと生き生きとした表情を見せていたそうです（和歌山・南有紀さんのレポートより）。

また、成人期の施設においても、地域の子どもたちがやってくるバザーで、釣りゲーム（釣りのおもちゃも仲間たちが袋詰めをしたそうです）の店番をしたとき、いつもよりぐっと顔をあげていることが多かった重度重複障害の方の事例がありました。労働を通して、新たな人間関係をつくりだす、あるいは地域生活に参加するという視点は、障害の重い人たちにおいても重要です。

＊

そして、こうした豊かな内実をもった労働の保障は、だれにとってもあたりまえの権利です。「応益」負担という名のもとに、サービスとして買うものではないことも付け加えたいと思います。

第９章

折り合いをつける

折り合いをつける、妥協するというと、自分の気持ちを押し込めてまわりに合わせるようなときに使うこともあり、マイナスの印象もあたえることばです。しかし、異なる人格や背景をもつ者同士がお互いに気持ちよく活動し、暮らしていく上では必要不可欠であり、また、自分自身を見つめ、自分の心に折り合いをつけていくことは、人格発達において大切なことです。

ねがい、やり方、価値観を認めた上で、相談して決める

Nさんは、日中は作業所に通い、夜はグループホームで生活しています。物知りで会話も楽しめるのですが、新しいことや慣れないことへの不安が強く、自分の指を傷つけたり服を破ったり、テーブルをひっくり返したりという形で気持ちを表現するところがあります。慣れた職員との生活実習、ショートステイ…、新しいことに挑戦するたびにそうした

不安定な姿を見せていたのですが、ゆっくりながら確実にのりこえてきました。グループホームに入った当初も、「救急車呼んで」と訴えたり、大好きな風船を自室にたくさん持ち込む姿がありました。数日目には、共有スペースの居間のテレビをみんなで見ているときに、突然血相を変えて「テレビをつけたらあかん」と興奮し、消してしまいました。その後も、グループホームのキーパー（世話人）は「みんなで見るから消さないで」と声をかけるのですが、そのたびに表情が険しくなります。他の仲間も落ち着かなくなってしまうため、居間のテレビはつけられない状態が続きました。

しかし、作業所の職員が、キーパーの誕生日に「これはキーパーさんへのプレゼントだよ。みんなで仲良く使おう」と居間から見えるキッチンにテレビを置いたところ、彼は納得し、その後はみんなの好きな時代劇や野球観戦などをいっしょに楽しめるようになりました。

彼の場合、ただテレビの音や光にこだわっていたというのではなく、「〜だから、居間ではテレビをつけない」という彼なりの理屈やすじみちがあったようです。だから、ストレートに「テレビをつけよう」「みんなで見よう」と言われたときには受け入れにくかったのではないかと思います。もしかしたら、「僕なりの理由があるのにわかってもらえない」「みんなが見たいのに、消してしまうあなたは悪い、と責められている」ように感じていたかもしれません。しかし、「キーパーさんへのみんなからのプレゼント」と、自分から相手に気持ちを配っていける関係になったときに、フッと受け入れてくれました。

もちろん、いつもこのようにうまくいくわけではありません。風船については、しぼみはじめるとそれが気になり、やや強迫的に風船の口をきつく縛るよう何回もキーパーに求め、頭の中が風船と、しぼんでしまう不安でいっぱいになってしまいます。職員は、風船について、「こだわり」なのか「趣味」なのか悩みます。

グループホームはあくまでも暮らしの場です。そこでの経験によって結果的に「親離れ」ができたり、「自立」「自律」につながるような生活訓練ができたりということはありますが、それが第一義的な目的になるわけではありません。あくまでも日中の労働や活動で疲れた身体を休め、ホッとくつろぎ、明日へのエネルギーを蓄える場です。だから、それぞれの暮らし方を大事にしていく必要があります。

Nさんの場合も、日中の職員とキーパーとで、〝Nさんらしい暮らしとは何か〟をあらためて話し合ったそうです。そして基本的には彼の好きなことを大事にしようとたしかめ合います。ただ、本人も強迫的に止められなくなってしまうくらいに風船の縛り方を気にしてしまうときには、Nさんにとってもかえって生活を狭めるものになってしまうので、できるだけ風船を持ち込まないようにしているそうです。

他にも、仲間の要求だけで生活をつくっていくことによって、健康問題を引き起こしたり、生活リズムを乱したりすることにつながってしまう場合もあるでしょう。そうしたときには、職員としての「ねがい」を伝えることになります。

職員あるいは職員集団としての「ねがい」をちゃんともつことはとても大切です。しかしそれが、どんなに真っ当な「ねがい」であっても、一方的に押しつけることはできません。

職員としては、仲間の示すある行動だけを取り出して問題にするのではなく、生活全体へのまなざしをもつ必要があります。その上で、仲間自身のもつ要求、嗜好、筋道、やり方、価値観などを認め、本人と「相談」して決めていくことが「折り合いをつける」ということになるのでしょう。広汎性発達障害をあわせもっている場合など、本人の感じ方やすじみちが周囲とずれることも多いのですが、それをできるだけ理解した上で、お互いに撚《よ》り合わせていこうとする姿勢が大切なのだと思います。

拙著『一人ひとりが人生の主人公』では、高齢期にさしかかった女性のことを述べました。長い年月の中で「働かざる者食うべからず」という価値観を強くもってきた彼女は、休日であれ、朝から働き、身体を休ませることができません。しかし、体力の低下とともに、ゆっくりと休むことが必要になってきます。昼間からふとんを敷いて寝ることは許せ

ないのではないかと気づいたキーパーは、ある日「ホットカーペットつけといたよ」と声をかけます。すると、その上でゆっくりとすごせるようになっていきます。仲間一人ひとりの歴史や価値観にも思いを寄せ、感じ取りながら、いっしょに暮らしをつくっていくことの大切さを教わりました。

期待と納得

Sさんは、一見明るく職員に話しかけてくるのですが、気持ちはとっても繊細で、腹痛を訴えたり、カットバンを貼ることにこだわる日も多く、浮き沈みの激しい人です。行事や給料日、外出は大好きで、その日はとっても元気なのですが、他の仲間が行くのに自分が行けないことがわかると、とたんに沈んでしまいます。

職員は、楽しみな取り組みを目標にできたら意欲を出せるのではないかと考え、カレンダーを使って先の予定を伝えることにしました。しかし、期待ばかりが先行してかえって不安定になってしまいました。また、作業所内での喫茶当番で準備や洗い物をするのは嫌がるのですが、作業所と家族会がいっしょに運営しているショップ（作業所製品の販売と喫茶店を兼ねている）の店当番は大好きで、お客さんに「トマト買《こ》うていって」と積極的に売り込む姿も見せます。職員は作業所内での仕事や当番もがんばってほしいという思いがあって、「作業所での当番をがんばらないとショップには行けないよ」などと励ますのですが、どんどんかたくなになっていくこともありました。

こうしたSさんの姿からたしかめ合ったことは、「○○をしたら△△に行けるよ」とか「○○をしないと△△には行けないよ」という、一見理にかなったように見える見通しのつくり方であっても、Sさん本人にとっては、そのように結びついていないこと、「もっとショップに行きたいのに、なんで作業所で当番せなあかんねん」という気持ちになっていたのではないかということでした。実際、職員が「楽しいことで意欲や達成感を高めたら、他のことでもがんばれるだろう」とゆったり考えるようになってから、Sさんは苦手なことにも取り組むようになりました。

こうした姿は、いわゆる発達段階ともかかわっています。発達的に四歳すぎの段階（二次元可逆操作期）になると、「○○をしたいから食事を早くすませよう」といった生活のつくり方も可能になりますが、発達的に二、三歳の段階（二次元形成期）に軸足を置いている場合には、「食事がすんだら○○だ」と期待はできても、「だから早く食べよう」にはなりにくいのです。「がんばったら、～ができるよ」という励ましは、本人がそのことを自ら納得できたときには大きな力になります。しかし、そのつながりが理解できなかったり、本人の納得がない中では、かえって楽しみを妨げられているという思いにしかなれず、かたくなな気持ちをつくり出してしまいます。

目の前の具体的な活動を通して、楽しさを実感し経験を積み上げていくSさんにとっては、楽しいことを先延ばしにされるのではなく、一つひとつ実際に経験し、「楽しかった」「がんばった」とまずは思えることが、次へのエネルギーに結びつきやすいようです。目的や見通しがもてることは大切です。しかし、その目的や見通しのつくり方は人によって異なります。そのちがいをおさえた支援をすること、そして見通しとは、単に段取りを伝えられることではなく、期待や納得ときちんと結びついていることが大切なのではないでしょうか。

ちなみにSさんは、ちょっと苦手なビーズ作業に、はりきって挑戦しています。理由は「姪っ子にあげるから」です。「姪っ子のため」「ショップに来るお客さんのため」、先ほどのNさんは「キーパーさんのため」…、二人とも人の役に立ちたい、自分から何かをしてあげたい、そんな思いを強くもっているのだと気づかされます。

＊

私たちは、一人ひとりの仲間をちゃんと理解したい、その「ねがい」に心を寄せたいとねがいます。同時に、障害のある仲間の方も、こちらを理解し、どんな相手かたしかめたいと努力しているのだと思います。職員が代わったときに、怒ったり、不安定になったり、体調を崩してしまうことはよくあるのですが、それは、一生懸命新しい職員を理解し受け止めようとしている姿なのではないでしょうか。そして、新しい職員とも関係がつくれるようになったとき、仲間の世界はまた一歩広がります。

仲間と職員とのコミュニケーションにおいても、また職員同士のコミュニケーションにおいても、お互いに異なる人格であるからこそ、必ずズレも生じます。二宮厚美さん（神戸大学）は、コミュニケーションには「固有の懊悩・苦悩や摩擦、とまどいがあるのが通常」であり、「だからこそ、それを寛容に許容する職場環境や条件が必要」だと言います（『発達保障と教育・福祉労働』、全障研出版部）。

ズレが許容される環境や条件について、時間はかかってもお互いに折り合うことでつくり出されていくものについて、もっと深めていく必要がありそうです。

Asahi
麒麟
WISS

第10章

豊かな余暇を考える

これまでの章でも、生活の彩りや文化などについて触れてきましたが（七章参照）、あらためて余暇について考えたいと思います。

人間に必要な三つの場と「余暇」

よく言われることですが、人間だれしも三つの場が必要です。食事、睡眠、休息など、直接的に自分自身の生命と生活を再生産していく活動の場、労働活動（学齢期においては学習活動）の場、そして社会的文化的活動、余暇活動を行う場です。「場」と書きましたが、「時間」「人間関係」などに置き換えて考えることも必要でしょう。

障害のある人たちの場合、社会的文化的活動や余暇の場の保障が後回しにされ軽視されやすい実態がありました。外出したくても介助者がいない、余暇にガイドヘルパーを利用することに罪悪感をもってしまう（もたされてしまう）などの実態です。しかし同時に、青年学級や青年団などでの実践が蓄積される中で、家庭生活や労働とは異なる時間や人間関係をもつ人たちの場合に、離職率や転職率が低いことが指摘されてきました。また、文化の享受者としてだけではなく、障害者スポーツや障害者アートなど、障害のある人が積極的に参加し発信できる場も確実に広がってきています。

「自由」であることの意味

滋賀の山崎雅裕さんは、一九八三年から二〇年以上も、高等部を卒業した人たちと毎月「青年学級」をされています。数年前に山崎さんの話をうかがう機会がありました。青年学級をはじめた当初は、ハイキングや買い物、調理などに取り組むことで、経験を広げて家庭でも自分で調理をしはじめた青年や、給料を使う楽しみを知った青年たちの姿に、「青年学級」の取り組みの必要性に確信をもってきたということでした。

ところが、数年経ったとき、比較的障害の重い卒業生も参加するようになり、一つの壁にぶつかることになります。ある青年は、みんなでカレーづくりをするときにも、調理にはほとんど参加せず、建物の周囲をずっとウロウロしています。またある人は、調理や食事には参加せず、片付けるときだけやってきます。それに対し、先生は、とにかくせっかく青年学級にきたのだから、そこで何らかの新しい世界を広げてほしい、何かの力量を身につける機会にしてほしい、とねがいました。ちょっとでも活動できるようにと、人参を切ってもらったり、皿を運んでもらったりと、その人が参加できそうな場面を一生懸命探したそうです。

しかし、ある日、ふと思われたそうです。余暇なのだから、もっと自由であってもいいのではないか、学校と同じような課題をもち込みすぎてはいないかと。そして、参加したくなったときには参加してもらうけれど、そうでなければ、ずっと周囲をウロウロしているのもいいいか、と考えるようになりました。

しばらくして気づいたことは、その青年たちは、カレーづくりに参加できて達成感を感じたとか、食べておいしかったから「また来たい」という表現をするわけではないのに、その次もまた参加してくるのです。一人では参加できないのですが、それでも決して無理やり連れてこられているわけではありません。彼らなりに目的をもって参加しているようだというのです。

この話をうかがい、「自由」とは何かについて考えさせられました。障害のある人たち、とりわけ自閉性障害のある人たちの中には、自分の思いやつもりとは関係なく、目の前で行われている活動に対して「しなければならない」と自分を追い込んでしまう場合があります。自分が自分の行動の主体であるはずなのに、周囲の意図や活動との関係が逆転してしまい、まわりに合わせすぎてしまう、自分で行動が決められなくなってしまう、という姿です。

カレーづくりに参加しない青年たちの姿は、参加したいけれどもできない姿なのか、それとも、目の前で行われている活動や支援者の働きかけは受け止めているけれど、それに対して、ちゃんと距離をおいて「参加しない」と決めている姿なのか検討する必要があります。まわりの人や活動との関係で距離をおき、自由になれるからこそ、行動を自分で決めることも可能になります。そして余暇とは、そうしたことが基本的に許される場だと思うのです。学校の授業場面や、作業所などでの労働場面でも、本人の意思とはまったく無関係に無理やり活動に参加させることはあってはならないことです。しかし、どうしたら活動に参加できるかを教師や職員は一生懸命に考え、働きかけを続けます。活動に参加することではじめて、教育的価値や労働的価値が実現するからです。

障害のある人たちの中には、「しなければならない」と自分を追い込み、強迫的に活動に参加するのではなく、自分で考え自分で選べるようになることが課題の人もいます。しかし、教師や職員が「間」をつくったかかわりをしようとしても、学校や作業所という場所そのものが、その人にとっては「勉強しなければならないところ」「仕事をしなければならないところ」になってしまっていることも少なくありません。彼らにとっては、そう

アトリエ

した場とはまったく質の異なる場があることが、まずは必要なのです。それが、青年学級であったり、ガイドヘルパーとの外出であったりします。

人は誰しも、いつも「同じ顔」を求められ、「同じ顔」をしていると、自分らしく生きることが難しくなります。親や教師、職員とは異なる人間関係の中で、いつもと「ちがう顔」ができるということ。これも、人が自分らしく生活していく上ではとても大切なことだと思います。

好きなこと、好きな世界があることは自己復元力になる

「あそびは心を自由にする」、ご自身が脳性まひで、現在二人の子どもの母親である岐阜の小森淳子さんのことばです。訓練はしんどかったけれど、あそぶときには思い切りあそんだ幼少期をふり返り、そのことが後の人格形成においても大きな意味をもっていたのではないかと、ご両親への感謝と合わせて述べられました。友だちが塀の上から飛び降りるのを見て自分も飛びたくなり、友だちに手伝ってもらって飛んだ。ケガをすることもあったが、「身体は不自由だけれど、心は自由なんだ」と感じた瞬間だったと言います。

幼児期、学齢期において、自分の好きなあそびをもち、心が自由になる経験をしていることは、成人期においても重要な意味をもつと考えます。こだわりでがんじがらめになっ

ていた自閉症の青年に、少し「ゆとり」ができてきたのは、小さいときに好きだった描画活動を通してでした。逆に、趣味や好きなことが見えにくい場合に、働く能力はあっても、労働や生活の意欲につながりにくい方もいます。幼児期、学齢期において、好きなあそび、好きな世界をもつことの大切さと同時に、成人期になってからも、「あそび」が必要だと考えます。

✤ 生活の中であらたな学習要求が芽生える

「余暇」とは少し離れるかもしれませんが、青年・成人期において、その生活とのかかわりで、新たな学習要求が芽生えることがあります。ダウン症のTさんは、学校時代は算数が大の苦手でした。ところが、作業所で仕事をしはじめ、注文された数を自分で数えられるようになりたいと思ったようで、職員に「数の勉強したい」と言うようになります。また、別の女性は、好きな人ができて、ラブレターを書きたいということから「字が書けるようになりたい」とねがいます。いずれも学校時代には見られなかった学習への主体的な要求です。

これは、学校教育のあり方への問題提起でもあるのですが、私は単純に、「学校で、そうした要求をはぐくんでいない」と問題視するつもりはありません。青年期、成人期というライフステージにおいて、新しい生活や新しい人間関係の中で、その時期にふさわしい学習要求の発露が見られることは誰にでもあると思うのです。学校時代は、音楽は苦手だったけれど、壮年期を迎えてピアノのレッスンに通いはじめた、というようなこともよく聞きます。ところが、障害をもっている人たちの場合、そうした要求が芽生えても、それを実現していくことが難しいという実態があるのです。

発達段階との関係で見ると、発達的に二、三歳ころの「二次元形成期」には、「あんな大人になりたい」といった具体的なモデルをあこがれにすることが多くなります。たとえば、ある男性は、あこがれの男性職員がいて、その人と同じようなウエストバッグをしたり、ポケットにメモを入れたり、耳に鉛筆をはさんだりします。四歳すぎの「二次元可逆操作期」になると、直接的にあこがれの対象をもつだけではなく、前述のように「数や文字の勉強をしたい」といったねがいをもつことも多く見られるようになります。発達的に五、六歳ころの「三次元形成期」になると、時間軸の獲得ともあいまって、将来に向かって「こんな自分になりたい」「来年はこんなことができるようになりたい」「もっと年をとったら○○をしたい」とねがうようになってきます。さらに、七、八歳ころの「三次元可逆操作期」になると、将来へのねがいのために「今は何をしたらいいか」と、現実との関係をとらえることも可能になってきます。

もちろん、こうしたねがいのもち方は発達段階だけによって決まるわけではありません。しかし、人はそれぞれ自分へのねがいをもち、そのねがいに向かっていこうとするときに、生き生きした人生をつくり出していくことができます。

*

障害者自立支援法は、余暇やレクリエーションの充実を妨げるものと言わざるを得ません。就労移行支援や就労継続支援の枠組みには、こうした中身は含まれず、従来、作業所などで行ってきた労働以外の活動の充実がきわめて困難になっています。仲間自身も、費用負担の増大のみならず、将来への漠然とした不安から、旅行やレクリエーション活動への参加をとりやめる例も少なからず出てきています。移動支援は、自治体の裁量に任されているので、地域間格差はますます増大しています。

障害があるがゆえに、人としてあたりまえの生きがいや、ねがいを描いて生活することができなくなることがないようにと強くねがいます。

KAWAI

第11章

集団の中で自分らしく

障害者自立支援法では、個々の障害者の「障害程度」によって利用できる「サービス」が限定され、低い単価のもとで各施設にお金が出るしくみになっています。いわば、これまで作業所などが大切にしてきた集団での実践に対しては「お金」が出ないしくみであり、結果的に実践の個別化、孤立が進むことが懸念されています。しかし、成人期というライフステージにおいても、集団の中で自分の価値を築き、仲間とともに主体者として生活を築いていくことがたしかめられてきましたし、今後もそのことを大切にしていく必要があります。

「労働」と「集団」にこだわって

大阪府吹田市にある「ワークセンターくすの木」の紙すき班には一〇名の仲間が所属し、そのうち数名が自閉症の方です。

Aさんは集団が苦手で、作業中でも興味のあることに突き進んでいました。清掃車の後を追いかけ、気になる雑誌の販売日にはいつの間にか本屋に走っていこうとします。信号が赤でもおかまいなしで、職員はハラハラしながら後を追いかける毎日でした。牛乳パックのビニールはがしなどが仕事でしたが、充実した表情は見られにくく、つい外の気になることに気持ちがいってしまうことが多かったようです。ですが、自転車のリサイクル作業に取り組みはじめたことをきっかけに、Aさんに大きな変化が表れます。班の代表として、職員と中古自転車を引き取りにいく仕事が気に入り、彼の中で作業所生活の目的がしっかりとつくられていきます。すると、他の作業や活動にも取り組むようになり、また、好きな所外活動（プールやサファリパークなど）に紙すき班で出かけることで、この集団がAさんにとってますます心地よいものになっていきます。今では、作業中に飛び出すことはなくなりました。

Bさんは、手先が器用で仕事はこなせるのですが、生活全般に指示を受けて動く受身の姿が目立ち、本当は自分の気持ちに反したことでも、「〜しましょうか」と言われると〝ハイ〟と答えてしまい、それがストレスになって他傷行為につながることもありました。また、ビニールはがし作業などでは一人の世界に浸りこんでしまいます。職員は、もっと人を意識して仕事をしてほしいと願い、そのため、職員といっしょでないとできない仕事にできるだけ取り組んでもらうように働きかけを続けます。自分のペースでできないと怒ることも多かったのですが、それでも〝イヤ〟と拒否をすることはありませんでした。しかし、一年経ったとき彼女は、嫌なときにははっきりと〝イヤ！〟と言えるようになります。この班では毎朝、複数ある仕事の中から、その日やりたい仕事を各自が選ぶようにしているのでが、〝イヤ！〟が出せるようになった頃から、自分がやりたい仕事を選ぶようになりました。

またCさんは、鼻に指を入れたりコーヒー豆を口に入れたりといった感覚あそびを一人でする一方で、何をするのにも人に依存することが多く、歩くときにも職員にべったりと腕組みを求めてくるようなところがあります。しかし、和紙の原料である楮の皮を木槌で叩きほぐす作業が好きで、この作業では誰にも負けないほどの「職人技」をみせるようになります。中学生が実習で訪れたときには「すごい！」と賞賛され、このころから他の作業にも気持ちを向けはじめます。そして彼女も徐々に、毎朝、自分がやりたい仕事を選べるようになります。さらには、自分ががんばったことを家で伝えるようになり、ことばも少しずつ増えてきました（二〇〇六年度さつき福祉会福祉研究集会、山下徹さんの実践レポートより）。

こうした実践や、仲間の変化はどうしてつくられたのでしょうか。三名はいずれも養護学校を卒業して一〇年ちょっとになる三〇歳前後の仲間たちです。当初は、一人ひとりの要求や思いを大切にし、できるだけ本人に寄り添いながら、作業所生活が楽しいものになるように実践してきたと職員は言います。しかし、数年経って、それぞれのペースで作業所生活をつくるようになり、同時に「弱さ」や課題もはっきりしてきたときから、もう一歩意図的な実践を組織するようになります。「労働」と「集団」にこだわりつつも、仲間一人ひとりの姿を多面的に見つめ直し、職員集団で議論しながら実践を進めていきます。仲間たちがそれぞれにみせる「問題行動」についても、基本的には職員に対するサインやSOSであるととらえ、かと言って、個々の行動にふり回されるのではなく、仲間本人にとって手ごたえや納得が得られるようにするためにはどうしたらいいかを、ていねいに考えていきます。そのことがまた、職員にとっても自分自身の仕事に手ごたえを実感できることにつながってきたと言います。

集団が苦手に見えても

集団を拒否しているように見える場合も、なぜ集団が苦手なのか、ていねいに見つめる必要があるでしょう。なかには、音や騒がしさの刺激が苦手な場合もあります。二〇〇六年の「きょうされん重度・重複障害実践研究交流会」の「強度行動障害」分科会で報告されたのは、九〇%くらい音をカットする高性能の耳栓をつけていても、普通に聴覚検査ができる聴覚過敏をもっている方のことでした。ドアを開閉する音でもパニックになるため、医務室を彼専用の場所にして、落ち着ける場所を確保することから取り組みがはじまります。しかし、ダンスが大好きな彼は、他の仲間たちにもダンスの振り付けを考えてくれ、こうした取り組みのときにはどんなに音がしていても平気です。また、お金をためて「宝塚歌劇団を見に行きたい」と、苦手な音もちょっとがまんして仕事に向かおうとする姿がみられているとのことです（岐阜・第二いぶき、森山めぐみさんのレポートより）。

また、本当は仲間集団の中で認められたいのに、それがうまくいかず、結果的に職員との個別の関係を求めてくる場合もあるでしょう。その場合、「職員を求める」という表面的な要求だけをとらえたかかわりを強めると、仲間集団の中でますます自分の居場所や存在感が見出せなくなってしまいます。

おおつ福祉会のKさんは、車が大好きで、車に関係することになると「免許をとったから、〜まで乗せてあげる」「この間、〜さんを車で送ってあげた」などと、そばから聞くと〝嘘〟の話もよくする人です。しかし、決して相手を騙そうとしているわけではなく、よく聞いていると、Kさんなりに相手への気遣いをしてくれているようです。職員はそのことがわかるので、Kさんの話を頭から否定することはなく、受け止めながら聞いていくことになります。ところが、まわりの仲間はそういきません。以前Kさんが所属していた班は、比較的「軽度」の方が多かったこともあり、彼に対して「あいつは嘘ばっかりや」と非難することが多くなってしまいました。そのため、Kさんはますます話を聞いてくれる職員との関係だけを求めるようになります。しかし、職員としても、いつも受容的に聞くばかりではなく、Kさんに仕事を要求することも必要です。ですが「〜しようか」と、自分の意にそぐわないことばかけがされると、とたんにカッとなって物を投げつけてしまうこともありました。

ところが、発達的に対等な仲間の多い集団になってから、Kさんの姿はずいぶんと変わっていきます。横で聞いている職員からすると、ちゃんと会話としてつながっているのだろうかと思うこともあるようですが、相手の話を否定せず、〝ウンウン〟と聞き合いながら互いに自分の思いを出している姿が多くなります。仲間との関係が広がるにつれ、職員の一言一言に左右されて、カッとなるような姿はほとんど見られなくなりました。

一人ひとりをていねいに理解することは大切ですが、個人だけを見つめてしまうと、互いに相手の視線や行動に過敏になりすぎてしまいます。個別化やマンツーマンのかかわりは、いちばんその人の思いや要求を受け止めやすいように見えるのですが、実はかえって、職員のまなざしや評価を気にしてしまうなど、他者視線に束縛される関係をつくりだしてしまうこともあるのです。そして、主体性の発現や自己決定を妨げることもあります。

「個別支援計画」作成においても、個人と集団という複眼的な視点で仲間の課題を考えることが大切ではないでしょうか。

集団の中で自分の価値を築く

だれもが、かけがえのない、唯一無二の人格を有しており、その人らしく自己実現していける社会であってほしいとねがいます。しかし、この「かけがえのなさ」や「その人らしさ」は、一人ひとりをバラバラに切り離したところで生まれてくるわけではありません。他者との関係で、集団の中で、社会とつながってこそ、一人ひとりの価値が意味をもってくるのだと思います。

それは、他者や集団に一方的に合わせることを求めるものではありません。他者や集団と基本的に「対等」な関係をもてるからこそ、自分の値打ちに気づくことができます。そのためには、自らの存在が集団の中で認められると同時に、まわりの仲間を理解することも必要になります。

発達的に話しことばの獲得段階でがんばっている人たちにおいては、他者のそれぞれの事情をことばで説明されても、すぐには理解できないかもしれません。しかし、散歩に出かける中で、自分のペースだけで歩いていた人が、他の仲間を待ってくれるようになる姿はよく聞かれます。また、一人ひとりにお茶を配るようなかかわりを通して、少しずつ「ピョンピョンとぶ人やなあ」「大きい声を出す人やなあ」と感覚的に知っていき、互いに適当な距離感をつくりながら、いつの間にか自然に、集団としての「まとまり」や「雰囲気」ができてくることもあります。

さらに、発達的に「四歳半ころのふし」(二次元可逆操作期)前後になると、抽象的な理解が進むことと相まって、班、グループ、家族などの〝集団〟という理解もできるようになり、その分、その集団の中で自分はどういう位置や役割をもっているのかに敏感になってきます。みんなで目的を共有し、目的に向かって努力し、「みんなでやったなぁ」と喜び合えるようにもなってきます。そこでは、自分の役割や居場所がつくられると同時に、他者にも役割があることを知っていくことが必要となります。

聴覚障害をもつ仲間たちの作業所で、自分だけではなく他の仲間もがんばっていることを理解することが難しくて、互いの関係がギクシャクしたときに、あえて、仕事の役割を交替して取り組んだそうです。他の人が行っている仕事を実際に経験することで、「〜さんは、こんな難しいことをしていたんだ」「〜さんもがんばっていたんだ」ということがストンと胸におち、「仲間の会」での発言が変わったということでした(京都市聴覚言語センター、有野俊明さんのレポートより)。

特別支援教育や障害者自立支援法のもとで、実践の個別化や孤立がさらに進む懸念があるからこそ、集団実践で確認してきたことの値打ちを再確認したいものです。

ALL STAR

第12章 新たな連帯と共感を

ともに育つ

ある作業所で発達保障についての学習会をしたとき、女性職員から「一五年間勤めてきて、仕事はしんどかったけどよかった。一五年前に小学校に入学したばかりの下の息子も二二歳。作業所の仲間たちが行きつ戻りつ、ときに『問題行動』も見せながら変わっていく姿を見てきたから、そして、そのことの意味を学んできたから、三人の子育てもできたと思う」という発言がありました。さらに、「はじめは勤めに反対し、障害者や福祉のことにまったく関心を示さなかった夫もずいぶん変わってきた。よく電話をしてくる仲間が今では私ではなく夫と話している」とのことでした。また、若い職員からは「仲間のことを考えながら、自分といっしょだなぁと思うことがよくある」という発言もありました。

糸賀一雄さんは「親や教師や職員が、そしてさらには地域社会が、その子どもとの関係のなかで改善され変革されていかなければ、子どもだけの人格形成ということは一方的に過ぎる」のであり、「親が育ち地域も育ち、施設もその職員もそして子どもたちともどもに育つのである。また育たねばならない」と言います。

映画『夜明け前の子どもたち』で、動き回って危険だからと紐にしばられていたナベちゃんが、紐から解放されるようになったのは、職員の認識が紐から解き放たれたときでした。ホースから流れ出る水をちょっと手に受け落とす、缶に少し水を入れてはこぼす、箱車をちょっと押しては戻り、少し向きを変えてまたちょっと押して戻る…。一見、無駄にしか思えないことを生き生きとした表情で続けるナベちゃん。缶に水をいっぱいためようとか、箱車を目的地まで運んでいこうという、大きな目的をつくって行動するにはいたらない。けれど、内側からほとばしるエネルギーで一見同じ行動をくり返す姿の中に、自分の力と意思で外の世界に懸命に働きかけている主体性を職員が見出したとき、その主体性を発揮できる条件を保障しなければ、物を運ぶという大きな目的を共有することもできないと共通認識したとき、ナベちゃんも職員も紐に縛られなくなります。

田中昌人さんは「子どもたちを外から固定的にみることしかできなかったのが、子どもたちの願いをきいて子どもと共通の立場をつくりだしていけるようになった」（映画制作パンフレットより）と書いています。

発達保障とは、目の前の仲間や子どもだけの発達保障ではありません。職員も施設も、親も地域も、ともに育っていくことなのだと、上述の職員の発言からしみじみと感じることができました。

本人の「自立」は、家族の「自立」でもある

全障研滋賀支部の学習会で、重症心身障害のある息子さんの母親である植松久仁子さんに、これまでの歴史を語っていただきました。仮死状態で生まれ、「とにかく生きてほしい」とだけねがった日々。鼻腔注入の方法を覚えることに必死だった三ヵ月目。少し動けるようになった一歳後半からは、「発達」を期待して、子どもにとってとにかくいいと聞いた所にはどこへでも行ったと言います。いろんな訓練を受け、宗教にもすがりました。就学前は親も「当事者」だと植松さんは言います。そのことばからは、子どもと一心同体でひたすら「何とかしたい」「すがりたかった」という必死さが伝わってきました。しかし、その気持ちとは裏腹に、ときとして受け入れてくれない社会に、「だれもわかってくれない」と社会から切り離された孤独感に陥ってしまうこともあったのではないかと思います。

けれど、療育を受け、保育所に入り、就学を迎え、多くの人とのつながりができていく

中で、「子どもにしっかりと教育をしてくれるのは学校だ」という思いと同時に、「誰かにすがるのではなく、親としてたっぷりと子どもを引き受けて育てている」という実感がもてるようになったと言います。そして、青年期を迎えるころには、単に「できる」ことを望むのではなく、息子自身が自分の意思をつくり、生きる喜びを見出してほしい、その生きる喜びや悲しみに共感できる親でありたいと思えるようになったとも話されました。

こうして、「当事者」から「親」へ、そして「よき理解者」「ともに歩む人」になっていく中で、子どもはもちろん、親もまた自らの人生の主人公として自立していくのでしょう。しかし、そのプロセスには、親として子どもを引き受けているという、子育てへの手ごたえを感じられるような社会的支援が必要であり、そして思春期・青年期には、わが子を安心して託し、子どもとの距離をつくり直すことのできる社会的関係や制度が不可欠になります。

親の要求からはじまって、グループホームづくりに取り組み、ようやくホームができたのに、いざとなると入居させたくないという親の思いに戸惑った、という職員の声をよく聞きます。親が子どもを手放すというのは本当に大変なことなのです。障害があるがゆえに、そして、社会的に支援するしくみや制度が貧しいために、子どもとの距離が近くなりすぎて、互いに干渉しすぎてしまうこともあります。どんなに障害が重くても「子どもに

Coca-Cola

は子どもの人生がある」と思えるようになるために、社会がどうあらねばならないのか、それぞれの地域で考えていく必要があります。

子どもが二〇代、三〇代になるということは、親は五〇代、六〇代になるということです。祖父母の介護が必要になったり、加齢にともなう身体機能の低下を迎えたり、定年退職をしたりと、さまざまな変化がそれぞれのライフステージで起きてきます。一〇年後を考えたとき、どんな暮らしをしていきたいのか、家族で、親同士で、職員といっしょに語り合いながら、ねがいを束ねていきたいものです。

ライフステージを越えて語り合う

現在、作業所に通うA子さんのことを、それぞれの時期に教師として職員としてかかわった人たちで学び合ったことがあります。視覚障害とマヒがあるA子さんは、触覚過敏や聴覚過敏もあって、外の世界に大きな不安を抱えています。ことばもあるのですが、触れられただけで泣き、「イヤー」と両耳をふさいで外界をシャットアウトしてしまうことが少なくありませんでした。

家でできることが、学校などの外の世界ではできないということが多かった低学年期、給食も苦手でした。先生たちは彼女の不安を少しでも減らし、安心してすごせるようにとていねいにかかわっていきます。高学年になるにつれ、学校でももっている力を出せるようになります。中学部、高等部になると大好きな先生ができ、その先生といっしょに、少し抵抗のあることにも挑戦していくようになります（小学部時代は、決して人が嫌いではなかったけれど、まだ「この人が好き」というより、人の雰囲気が好きだったようです）。「イヤー」と言って座り込んでも、ちょっと待っていると、自分から歩きはじめることも増えてきました。給食への抵抗もなくなっていきます。

でも、養護学校を卒業して、新たな環境に入ったとき、大きな変化への戸惑いから生理が止まってしまいました。しかし、不安定な時期を乗り越えたとき、自分のことを名前ではなく「ワタシ」と言うようになります。掃除機などの機械音は今も苦手ですが、「オシゴト」と納得できると、板に孔《あな》をあける電動ドリルや、クッキーづくりのためのハンドミキサーも職員といっしょに持つようになります。「イヤー」も、「お仕事がんばろうね」で切り替えられるようにもなってきました。

不安が高い、すぐに「イヤー」と両耳をふさぐという現象だけをとらえると、小学部時代も、三〇歳近くなった今も変わらないな、ということになってしまいます。でも、彼女の歴史をゆっくりと語り合っていくと、「変わっていない」という私たちの見方が、いかに表面的で固定的であるかに気づかされます。そして、彼女の「イヤー」は、外の世界に自分の意思でかかわりたいという、強いエネルギーのあらわれでもあるのだと学び合いました。また、自分たちの仕事の意味もそれぞれにたしかめ合うことができました。

このように、ライフステージや職場を越えて学び合うことは、毎日仕事に追われる中で本当に難しくなっています。しかし、私たちを忙しくさせている理由の一つでもある障害者自立支援法は、放っておけば、ますます一人ひとりをバラバラにするものです。ともすると学校では、「作業所はもともと職員の数が少ないのに、自立支援法でますます大変になっている。だから、この子はとにかく一人ですごせるようにしてあげなければならない」と、一人で黙々と作業ができることを、教育の目標にしてしまうようなことだって起こりかねないのです。しかし、「自立」とは本来、「一人ですごせるようになること」でも「人の助けを必要としなくなること」でもありません。

ライフステージにまたがる連携とは、一人ひとりの情報を伝えていけばいいというものではありません。学校ではどんなねがいをもって子どもたちに向き合い、教師はどんな悩みや喜びを感じているのか、作業所ではどんな実践をして、職員は何に手ごたえや矛盾を感じているのか、その姿を少しでも知り合っていくことが必要だと感じます。そうでないと、目に見える能力だけではなく（目に見えることだけなら連携は必要ないでしょう）、すぐには見えにくいねがいや、人格発達を大切にする実践は引き継がれなくなってしまいます。

さらには、障害種別を越えて手をつなぐこと、これも本当に重要になっています。自閉症児の母親である高阪正枝さんは「自閉症の我が子だけを見ているときは、自分と違うとしか思えなかった。だから、本当の共感ができなかった。でも、いろいろな障害をもつ子どもたちやお母さんたちと出会うなかで、違うけどいっしょやと思えるようになり、そこから、息子が困っているときに、自分だったら、とも考えられるようになった。そしたら、息子の思いや悩みが見えてきた」「親は我が子の障害のことだけでなく、他の障害の子のことも学べるようにならなあかん」と言います。

親だけでなく、障害のある人にかかわるものたちが、障害やライフステージ、職種の違いを超えて、学び語り合うことが本当に必要です。そして、全障研の値打ちはまさにそこにあると言えるのではないでしょうか。

補　章

知的障害のある人の壮年期・高齢期を豊かに

この章では、連載でとりあげることのできなかった加齢の問題についてとりあげます。きょうされん大阪支部の「実践交流研修会」（二〇〇五年）で、私は「壮年期・高齢期の実践をどうつくるのか」を考える分科会に参加したのですが、参加者が多く、悩みや問題意識をもっている施設や職員がたくさんいるのだということを実感しました。それは、障害のある人たちのそれぞれのライフステージを豊かにしていこうとするねがいや実践が、壮年期・高齢期にまで広がってきていることのあらわれでもあるのでしょう。

ダウン症者の事例から

ダウン症の方で、加齢にともなう「退行」とみられる姿があらわれてきていることに対し、どうとらえたらいいのか、どう支援したらよいのか悩み、試行錯誤している作業所、施設は多いと思います。全障研滋賀支部でも、作業所・施設を越えた成人期の学習会でこのテーマをとりあげ、事例検討や実践交流を二年ほど行ってきた経過があります。

先述のきょうされんの分科会でも、ダウン症の方の事例が報告されました（わかくさ作業所、吉留英雄さん・土井隆志さんのレポート）。わかくさ作業所は、利用者の平均年齢が四〇歳代半ばになっており、その中でも、コミュニケーションや生活のしづらさが目立ってきた人たちに対する実践をどうするかが課題になっているとのことでした。

ダウン症で、四八歳のAさん（女性）は、もともと「明るくて人気者」です。会話はぶっきらぼうなところがありましたが、その場をなごます雰囲気がありました。いつも他の仲間や職員をよく見ていて、「〇〇さんが休みだから、私が～する」と集団内で自ら役割を担う姿もありました。四〇歳代半ばにグループホームへ入居したのですが、その頃から「しんどさ」が目立ってきます。日中の作業所でも疲れた表情でいることが増え、大泣きをしたかと思うと、一人でフラリと外に行ってしまうことがありました。

その後、今度は父親が亡くなるという大きな変化があり、しばらくすると、便秘、物の置き忘れ、頑固さが目立つようになります。お父さんが亡くなった当初は、これまでと同じように明るい姿もあったので、職員としては、死の受け止めは難しいのだろうかとも思ったのですが、時間の経過のなかで、とても大きなショックと不安を感じていたことに気づかされます。そして、不安の裏返しなのか、特定の仲間との関係を求めるようになり、その人と同じ班に行きたいといった要求が強く出されるまでになります。

以前は、仕事をはじめるまでは少し時間がかかってはいたものの、いったんやりはじめるときっちりと正確にできていました。そうした仕事への取り組みが難しくなっているなかで、本人の希望通りに班を変わった方がいいのか、もっと仕事の位置づけがゆるやかな班の方がいいのか、あるいは生活全体のなかで何を大切にすべきか、職員は何度も話し合いをしていきます。結果的にAさんは、彼女の希望であった縫製班で「糸切り」を担うようになります。一人でする仕事ではなく、みんなとつながりがもてる役割です。そこでもう一度、自分の存在感をたしかめることができたのか、今度は「手織りがしたい」という要求も出されるようになります。またAさんは、その日あったことを書き残すことが好きなのですが、これも一人で書くのではなく、班のみんなで「今日は何をしたかな」と話し合いながらすすめていくようにしたそうです。そのなかで、買い物で「のどあめが欲しい」という声も出されるようになりました。

仲間の変化を受け止めたうえで、新たな生活づくりを

Aさんの場合、加齢にともなう機能面の低下とあわせて、新しい生活でのストレスや、父親の死からくる喪失感が、「退行」とみられる姿の背景にあったようです。職員は、A

さんの姿を否定的にみるのではなく、今のAさんの「ありのまま」を受け止め、そして、喪失感から新たな人間関係を求めているということを積極的にとらえて、仕事のあり方を工夫します。そのなかで彼女は、「できなくなったこと」はあるけれども、新たなねがいや希望を創り出しています。

ダウン症の方の「老化」が問題になるのは、視覚、聴覚の低下、筋力の低下など、もともっている「弱さ」が加齢にともなってより進行したり、生活上の困難にまでなったりすることがあると思います。また、アルツハイマー症など脳の萎縮が起きている場合もあります。したがって、定期的な医療受診や、健康面での記録が、早期発見・早期対応には必要となります。

同時に、自分の値打ちを実感することのできる大切な「役割」や「居場所」が何らかの理由でなくなってしまった、家族など身近な人の死に直面した、一つひとつの行動に時間がかかるようになり、周囲の時間の流れについていけず疎外感を感じるようになった等々の環境的要因や心理的要因が背景にあることも多いようです。Aさんの場合は、お父さんの死があったわけですが、別の作業所の方で、仲のよかった友人が亡くなったあとに、大きく落ち込み、帰宅途中にずっと立ち止まっていたというような姿をみせた人もいました。一見、無頓着のようにみえたとしても、実は悲しみを表現するすべがわからなかっただけで鋭く感じとっていたのかもしれません。あるグループホームで、夜にタンスの開け閉めをする音が響くため、一時的にタンスを廊下に出したところ、ひどく落ち込んでしまったという例もありました。大事な人やものをなくすというのは、誰にとっても「喪失感」につながるものですが、ダウン症の方の場合、物事や周囲の状況を、意味や概念で理解する前に雰囲気で鋭くとらえていたり、自分なりの因果関係や秩序で把握しているために、その一部が欠けるだけで、全体が大きく混乱してしまうようなこともあるように思います。Aさんの場合は、機能低下や心理的ストレスをかかえながらも、もう一度、集団内での「役割」や「居場所」を見出すことで、前向きな生活も創り出すことができたのだと思います。

同じわかくさ作業所のBさんの場合には、仕事（菓子づくり）の注文が増え、班の人数も増えて全体がバタバタするなかで、周囲の動きにのれなくなり、トイレの往復、他の人の物へのこだわり等が増えていきます。そこで、新たに小グループを立ち上げて、Bさんが戻れる場所を確保するようにしました。それまでは、トイレに行っている間に、他の人が続けて仕事をしてしまうため、トイレから戻ると自分がつくりかけていたものがなくなっていたのです。そのために、ますます入れなくなり、トイレこもりも長くなるという悪循環に陥っていました。しかし小人数になることで、自分がつくっていたものがどこにあるのかわかりやすくなり、多少トイレに時間がかかっても仕事に戻れるようになります。

✤知的障害のある人たちの「加齢」にともなう実践課題

障害の有無にかかわらず、誰もが壮年期、高齢期をむかえていきます。作業所等でも、仲間の加齢にともなう問題が大きな検討課題になりつつあります。体力の低下や運動機能の低下、視聴覚など感覚面での低下があるのは事実であり、そこで高齢期にふさわしい生活のありようが問われてきます。ここでは、検討課題として六点をあげたいと思います。

一つ目は、一人ひとりの変化を正しくとらえ、医療的対応が必要ではないかどうかの見極めをするということです。「最近、歩き方がフラフラするようになった」「同じことばかりくり返し言うようになった」「細かい仕事ができにくくなった」などという変化の裏に、脳の変性疾患や視力低下などが隠れている場合があります。「痛い」「だるい」などの訴えが上手でないために、内臓疾患や婦人科疾患の発見が遅れる場合もあります。食べ物をよくこぼすようになっていたのが、入れ歯を変えることで、もとの食事になったという例もありました。定期的な健康診断と合わせて、毎日接している職員の気づきや、日ごろから相談できる嘱託医との関係が大切になります。ただ、はじめから障害のある人を理解し適切な治療をしてくれる医師を探すというのは困難な場合もあるでしょう。障害のある人に対する経験は少なくても、仲間たちのことについて徐々にわかってもらえるような関係を少しずつ育てていくことも大切です。

障害のある人の「更年期」も新たな課題になっていると思います。更年期は閉経前後の数年間をさすわけですが、早ければ四〇歳代前半から、卵巣機能や内分泌環境が変化していくと言われています。そしてその生理的変化と環境的要因や心理的要因が重なって、更年期障害と言われる症状を呈するようになります。もちろん個人差は大きいのですが、思春期という、やはり内分泌環境や身体変化の時期に易感性が高まって行動や感情が変容しやすいのと同様に、更年期の変化も、障害のない人の場合と同じように訪れると考えられます。この時期の配慮や実践のあり方についても検討していく必要があるでしょう。

二つ目は、医療的対応というほどではないにしても、必ず起きてくる体力低下や筋力低下等に対し、日々の生活のなかで楽しく簡単にできるような「リハビリ」を日課に取り入れていくということです。先述の分科会でも、軽い下半身運動をしたり、体温調整が苦手になっていることに対応した毛布の使用を取り入れた取り組みが紹介されました。体操などは、日課のなかに「ゆるやかでほっとできる時間」をつくるという観点からも大切だと思います。

三つ目は、種々の機能低下が、意欲の低下や、自己評価の低下などの二次的な「老化」

につながらないようにすることです。機能低下の面を周囲が正しく認識しないと、「できていたのに、できていたはずなのに…」「どうしてがんばらないのか」といった否定的評価につながったり、仲間を追いつめるようなことになったりします。もともと、わざと間違えるような冗談が好きな人だったので、愛嬌で「何それ？」「どこにあるの？」と言っていると思っていたのが、他の仲間に「何言うてんの、わかってるやろ」と言われ、「そんなに怒らんでもいいやんか」と言い返していることばを聞いて、本当にわからないのかもしれないととらえなおしたという例もありました。

四つ目は、生活のスピードをゆったりしたものにしたり、ゆっくりできる時間を取り入れたり、小集団での活動を保障することです。周囲の環境の変化、他の仲間たちの動きについていけなくなったとき、一人取りのこされるような疎外感は誰もが感じるものです。自分のペースに合わない環境は、かなりのエネルギーを使わざるを得ませんし、ストレスもたまりやすくなります。生活のペースについて見直したいものです。

五つ目は、壮年期・高齢期だからこそ、その人の生きてきた歴史や価値観にあらためて敬意を表し、頭から否定しないということです。ダイエットが必要であるとしても、それをグイグイ推し進めるだけでは、ストレスから新たな疾患を引き起こすこともあります。これまでの生育暦のなかで、「人に何かをしてあげたい、でも人の世話にはなりたくない」

という価値観を強くもってこられている場合もあるでしょう。拙著『一人ひとりが人生の主人公』でふれたふさゑさんの事例では、職員が「できなくなったから、別の人に代わりましょう」ではなく、「若い人に教えてほしい」と伝えていくことで、仕事はできにくくなっているけれど、〝教える〟関係を通して、新たに人間関係を拡大した経過を紹介しました。また、大津の唐崎やよい作業所では、高齢の方の「いこいグループ」があるのですが、音楽活動ひとつをとっても、若い人中心の「音楽・リズム」の時間とは区別して、「歌謡・リズム」という時間をつくっています。

そして六つ目は、今回の実践例にもあったように、高齢期だからこそ、「やっぱりあなたが必要なんだ」「自分は必要とされている」と受け止められる人間関係が何よりも大切なのではないかということです。

これまで、各地の作業所が、職員や関係者の懸命の努力で、制度の谷間のニーズを受け止め、それを少しずつ「制度」につなげてきました。「壮年期・高齢期」もまさにそうした領域です。障害者自立支援法は、こうした「谷間」をより固定的なものにしてしまう危険性をはらんでいます。今後とも、地域のネットワークづくり、制度づくりを展望し、高齢者福祉の実践や運動とも連携して、障害のある人の高齢期を輝かすためのねがいをたばねていきたいものです。

おわりに

連載をさせていただいた二〇〇六年度は、障害者自立支援法によって大きく歴史が後退させられた一年であったと同時に、多くの人が手をつなぎ、声に出せば、また新しい歴史を切り開いていくこともできると実感した一年でした。そして、厳しい状況のもとでも、元気に前向きにがんばっている作業所や施設もたくさんあることに気づかせていただきました。それは、矛盾が大きくなればなるほど鍛えられていくというような生易しいものではは決してないのだろうと思います。そして、そういう「しなやかで、したたかな」作業所や施設に共通していることは、そこにかならず〝職員集団〟があり、一人で悩んでいないということでした。

この間、大学時代からの恩師である田中昌人先生につづいて、田中杉恵先生もまた帰らぬ人となりました。田中昌人先生に最後にお会いしたのは、大津の長等にある日赤病院の前でした。以前、長く住んでおられた家の近く、移転前の「あざみ寮」や「第一びわこ学園」のあった長等山のふもとです。ばったりとお会いした先生は、いつものように、シャンと背筋をのばされるようにして「どうぞ、あなたらしい研究を続けてください」とおっしゃってくださいました。おそらく、先生はもう、ご自身のからだを蝕もうとしているものをご存知だったのだろうと思います。その言葉の重みと同時に、私のような若輩に話すときにも、きっちりと姿勢を正されようとした先生のお姿がまぶたに焼き付いています。そして、私もまた、姿勢を正して、前をみつめていきたいと思っています。

最後になりましたが、各地の作業所や施設の学習会や検討会で、全障研やきょうされんの研修会や分科会で、多くの宝物のつまった実践を話してくださった職員や保護者の方たちに、この場をお借りして心から感謝申し上げます。そして、この本のために、心がやさしくあったかくなるような絵を提供してくださった渡辺あふるさん、いつものことながら、仲間や職員たちの生き生きとした息遣いと生活感が伝わる写真を撮影してくださった豆塚猛さん、本当にありがとうございました。連載中、なかなか締め切りに間に合わない私に「大丈夫です！」と励ましてくださった編集部の児嶋芳郎さん、最後の最後まできめこまかに心配りをしてくださった新井田恵子さん、感謝でいっぱいです。

しなやかに、したたかに――。新たな共感と連帯をそれぞれの地域で創り出していきましょう。

全障研結成四〇周年記念大会（埼玉）を前にして

白石恵理子

白石恵理子——しらいし　えりこ

1960年福井県生まれ。

1985年京都大学大学院教育学研究科後期博士課程中退。大津市発達相談員などを経て、現在滋賀大学教育学部教授。

おもな著書『青年・成人期の発達保障　一人ひとりが人生の主人公』（全障研出版部）『成人期障害者の発達と生きがい』（共著、かもがわ出版）ほか

青年・成人期の発達保障 2

しなやかに したたかに 仲間と社会に向き合って

2007年8月15日　初版第1刷発行
2016年5月15日　第3刷発行

著　者　白石恵理子

発行所　全国障害者問題研究会出版部
〒169-0051　東京都新宿区西早稲田2-15-10
西早稲田関口ビル4F
TEL. 03(5285)2601　FAX. 03(5285)2603
http://www.nginet.or.jp

印刷所　マルコー企画印刷

 ISBN978-4-88134-514-6

青年・成人期の発達保障

一人ひとりが人生の主人公

●白石恵理子　定価一五七五円

——青年・成人期にある知的障害をもつ人の生活を照らし出しつつ、発達について考えたい。

日々の暮らしや労働の姿をていねいに描きながら、〝主人公〟になるための課題に迫ります。